prima B2

Deutsch für junge Erwachsene

Arbeitsbuch

Friederike Jin
Lutz Rohrmann
Ute Voß

prima B2

Deutsch für junge Erwachsene

Arbeitsbuch

Im Auftrag des Verlages erarbeitet von
Friederike Jin, Lutz Rohrmann und Ute Voß

Projektleitung: Gunther Weimann
Redaktion: Lutz Rohrmann und Katrin Kaup

Illustrationen: Lukáš Fibrich
Bildredaktion: Nicole S. Abt

Layout und technische Umsetzung: zweiband.media, Berlin
Umschlag: werkstatt für gebrauchsgrafik, Berlin

Weitere Materialien:
Lehrbuch: ISBN 978-3-06-020141-9
Audio-CDs zum Lehrbuch: ISBN 978-3-06-020144-0
Handreichungen für den Unterricht: ISBN 978-3-06-020143-3
Video-DVD B1/B2: ISBN 978-3-06-020699-5

www.cornelsen.de

Die Webseiten Dritter, deren Internetadressen in diesem Lehrwerk angegeben sind, wurden vor Drucklegung sorgfältig geprüft. Der Verlag übernimmt keine Gewähr für die Aktualität und den Inhalt dieser Seiten oder solcher, die mit ihnen verlinkt sind.

1. Auflage, 5. Druck 2020

Alle Drucke dieser Auflage sind inhaltlich unverändert und können im Unterricht nebeneinander verwendet werden.

Druck: H. Heenemann, Berlin

ISBN 978-3-06-020142-6

PEFC zertifiziert
Dieses Produkt stammt aus nachhaltig bewirtschafteten Wäldern und kontrollierten Quellen.
www.pefc.de

PEFC
PEFC/04-31-1156

Inhalt

dein Portfolio

1 **Sprachen lernen ist wie ...**

Wiederholung: Verben mit Präpositionen. Markieren Sie jeweils die passende Präposition.

1. *Mit/Von/Bei* Sprachenlernen verbinde ich das Bild vom Schwimmen im Meer.
2. Ich kann mich noch gut *durch/für/an* die Probleme erinnern, die ich anfangs mit Deutsch hatte.
3. Ich hoffe *in/auf/an* eine gute Arbeitsstelle, wenn ich in ein paar Jahren fertig studiert habe.
4. Mein Bruder denkt *für/an/in* ein Studium in Deutschland. Er hat sich schon beim DAAD informiert.
5. Meine ältere Schwester spricht oft *über/gegen/auf* ihr Studium in München. Sie hat die Zeit sehr genossen.
6. Ich bin gut in Sprachen und träume *bei/aus/von* einem Job im diplomatischen Dienst.
7. Grammatik ist wichtig, aber man muss mindestens genauso sehr *in/auf/durch* die Aussprache achten.
8. Nach der Schule will ich mich *an/um/in* ein Praktikum bei einer Bank bewerben.
9. Meine Schwester ist *zu/nach/bei* einem Bewerbungsgespräch bei einer Softwarefirma eingeladen worden.
10. Ich muss mich nächstes Jahr mehr *an/auf/über* die Schule konzentrieren, wenn ich einen guten Abschluss haben will.

2 **Lernsituationen – Sprachenlernen in Europa**

Dieser Text hat vier Lücken. Setzen Sie aus der Liste A–E den richtigen Satz in jede Lücke ein. Ein Satz bleibt übrig.

In der Europäischen Union gibt es heute 23 Amtssprachen, aber es gibt weit über 100 Sprachen insgesamt. C [1] Sie hat sechs Kompetenzstufen für das Sprachenlernen definiert, die unabhängig von den einzelnen Sprachen sind. D [2] Man nennt das „elementare Sprachverwendung". Hier können die Lernenden sich in einfachen Alltagssituationen, oft mithilfe von Muttersprachlern, zurechtfinden. Auf der B-Stufe beginnt der selbstständige Umgang mit der Sprache. B [3] auch wenn sie dabei noch Fehler machen. Lernende auf der Stufe B2 können sich in normalen Gesprächen fließend verständigen. Die C-Stufe definiert die „kompetente Sprachverwendung". Die Sprachenlernenden können nun ein breites Spektrum von schriftlichen und gesprochenen Texten verstehen. Sie gebrauchen die Fremdsprache flexibel sowohl mündlich als auch schriftlich.
E [4] Das gilt sowohl für das Sprachenlernen selbst als auch für die Prüfungen. Diese legen heute weniger Wert auf das Wissen über Sprache als vielmehr auf die Kompetenzen, die man für sprachliches Handeln braucht.

A Die meisten Sprachprüfungen orientieren sich heute am Englischen.

B Die Lernenden sollen nun schon komplexere Situationen selbstständig bewältigen können,

C Deshalb hat die EU die Mehrsprachigkeit zum Ziel Ihrer Sprachenpolitik erklärt.

D A1 und A2 sind Anfängerstufen.

E Die Kompetenzstufen haben das Sprachenlernen in Europa und darüber hinaus stark beeinflusst.

(3) ## Lerntypen – mit allen Sinnen lernen

Sehen Sie die Grafik an und ergänzen Sie den Beschreibungstext.

Mischungen • aktiv • herauszufinden • steigt • je mehr • sprechen • Sinne • 20 Prozent • visuelle • Lerntypen

[handwritten annotations: "increases" above "steigt"; "senses" above "Sinne"]

Nur Hören	20%
Nur Sehen	30%
Sehen und Hören	50%
Sehen, Hören und Sprechen	70%
Sehen, Hören, Sprechen und eigenes Handeln	90%

In verschiedenen Untersuchungen hat man versucht *herauszufinden*, welche *Sinne* beim Lernen am wichtigsten sind. Wenn wir zu einem Thema nur etwas hören, dann erreichen wir etwa *20 Prozent* des angestrebten Lernerfolgs. Wenn wir zum gleichen Thema nur *visuelle* Informationen bekommen, dann sind es 30 Prozent. Werden Hören und Sehen verbunden, *steigt* die Erfolgsrate auf 50 Prozent, und wenn wir zusätzlich noch über die Informationen *sprechen*, dann landen wir bei 70 Prozent. Wir sind also alle *Mischungen* aus verschiedenen *Lerntypen*, die umso besser lernen *je mehr* unterschiedliche Kanäle sie benutzen. Bis zu 90 Prozent des Lernerfolgs können wir erreichen, wenn wir mit der Information *aktiv* umgehen, also etwas damit tun.

(4) ## Sprachgenies – eine Radioreportage über Emil Krebs

CD 2 **a Sie hören eine Radioreportage über Emil Krebs. Lesen Sie jetzt die Aufgaben 1–8. Sie haben dafür zwei Minuten Zeit. Kreuzen Sie bei jeder Aufgabe die richtige Lösung an. Hören Sie den Text zweimal.**

1. Englisch …
   a war schon immer die wichtigste Sprache.
   b ist heute noch wichtiger als Chinesisch.
   c ist nicht mehr so wichtig wie Chinesisch.

2. Michael Krebs hat in der Schule …
   a keine Fremdsprachen gelernt.
   b Altgriechisch und Latein gelernt.
   c 12 Sprachen gelernt.

3. Am Ende seines Lebens konnte er …
   a über 100 Sprachen sprechen.
   b mehr als 60 Sprachen sprechen und schreiben.
   c 1867 Sprachen perfekt.

4. Nach der Schule studierte Krebs …
   a an einem Dolmetscherinstitut.
   b zuerst alte Sprachen und dann Jura.
   c zuerst Theologie und Philosophie.

5. Das Auswärtige Amt gab Krebs zuerst …
   a einen 10-Jahres-Vertrag in Berlin.
   b einen 10-Jahres-Vertrag in China.
   c einen 25-Jahres-Vertrag in China.

6. Krebs sprach so gut Chinesisch, dass …
   a er chinesische Wissenschaftler beraten konnte.
   b beim chinesischen Kaiser Karriere machte.
   c auf Chinesisch Romane schreiben konnte.

7. 1917 …
   a wird Krebs Berater der Kaiserin.
   b hat Krebs 30 Mitarbeiter in Peking.
   c muss Krebs nach Deutschland zurück.

8. 1930 …
   a wird Krebs wieder Mitarbeiter der Regierung.
   b stirbt Krebs an einem Hirnschlag.
   c arbeitet Krebs für die Uni Düsseldorf.

b   **Zu welchen Erklärungen 1–4 passen die Ausdrücke a–d?**

1. .... viele Aufgaben erledigen
2. .... jemanden treffen/kennenlernen
3. .... z. B. eine Aufgabe gut erledigen
4. .... von jemandem eine Information / einen Hinweis erbitten

a) mit jemandem in Kontakt kommen
b) erfolgreich sein
c) jemanden zu Rate ziehen
d) ein großes Arbeitspensum bewältigen

5   ## Nomen und Verben

a   **Was passt zusammen? Ordnen Sie zu. Es gibt z. T. mehrere Möglichkeiten.**

eine Diskussion	....
in Zweifel	....
Zweifel	....
eine Fähigkeit	....
zur Einsicht	....
Einfluss	....
eine Sprache	....
eine Rolle	....
eine Meinung	....
ein Problem	....

ausräumen   lösen   äußern   ziehen   beginnen   beherrschen   beseitigen   besitzen   formulieren   trainieren   führen   kommen   gewinnen   spielen   sprechen   verlieren   vertreten   bringen

b   **Ergänzen Sie die Sätze mit passenden Nomen aus 5a wie im Beispiel.**

1. Viele Forschungsergebnisse werden später wieder *in Zweifel* .... gezogen.
2. Wer eine Fremdsprache lernen will, muss die .... besitzen, gut zuzuhören.
3. Das Gehör spielt beim Sprachenlernen eine wichtige ....
4. Um eine sinnvolle .... zu führen, muss man auch die anderen zu Wort kommen lassen.
5. Du musst deine .... klar formulieren, damit alle wissen, was du willst.
6. Wir können das .... nur gemeinsam lösen.
7. Wenn jetzt eure letzten .... ausgeräumt sind, können wir den Test schreiben.
8. Wir sind zur .... gekommen, dass wir den Test noch nicht schreiben können.

6   ## Eine Kurzzusammenfassung

In dieser Zusammenfassung der Radioreportage sind 10 Fehler: 5x Rechtschreibung (groß/klein) und 5x Wortstellung. Korrigieren Sie den Text.

Die reportage berichtet über das Sprachgenie Emil Krebs, das von 1867 bis 1930 hat gelebt. Schon während seiner Schulzeit Krebs lernt zwölf Sprachen. Nach seinem Studium in Berlin geht Krebs als dolmetscher nach Peking, wo er für die deutsche Botschaft arbeitet. Er beschäftigt sich intensiv mit den Chinesischen Sprachen und Kulturen und sogar ist für Chinesische Sprachwissenschaftler und die Witwe des Kaisers ein geschätzter Gesprächspartner. Während des Ersten Weltkrieges er muss zurück nach Deutschland und widmet sich dort weiter dem Sprach- und Kulturstudium. Am Ende seines Lebens spricht er 67 Sprachen und kennt viele weitere. Er stirbt 1930 an einem Hirnschlag. Sein Gehirn heute noch dient der Wissenschaft zur Erforschung der Ursachen für besondere Sprachbegabung.

Überblick

Über das Sprachenlernen sprechen

Sprachenlernen fällt mir leicht/schwer, denn/weil/obwohl …
Ich merke mir neue Wörter, wenn ich …
Ich bin eher ein Augentyp. Bilder helfen mir sehr beim Lernen.
Sie lernt Sprachen scheinbar mühelos.
Er kommt kaum über ein paar Worte hinaus.

Über ein Bild sprechen

Ich habe das Bild … gewählt, weil/denn …
Damit verbinde ich, dass …
Es erinnert mich daran, dass …

Eine Zusammenfassung schreiben

In dem Artikel geht es um Gründe dafür, warum …
Zunächst zitiert die Autorin das Beispiel …

Anschließend berichtet sie über …
Deshalb glaubt die Forscherin, dass … Aber …

Einen Text über Sprachgenies und Spracherwerb verstehen

Einige Forscher glauben, dass Sprachbegabung genetisch veranlagt ist.
Haben genetische Faktoren oder Umweltfaktoren einen größeren Einfluss auf den Spracherwerb?
Die Forscherin räumt zwar ein, dass natürliche Voraussetzungen einen Einfluss haben …
Wenn sie sich auf Land und Leute einlassen …

Nützliche Ausdrücke

Die Fachleute sind sich uneins, ob/wie/wann …
aufgrund ihrer Beobachtungen

sich auf Land und Leute einlassen
eine Sprache fließend beherrschen

Grammatik kurz und bündig

Nomen und Verben

Diese Ausdrücke muss man immer als Einheit lernen:

in Zweifel ziehen
zur Einsicht kommen
zur Diskussion stehen
eine Untersuchung anstellen

etwas bezweifeln/anzweifeln/nicht glauben
etwas erkennen/einsehen/herausfinden
diskutieren über
etwas untersuchen/erforschen

(einen) Einfluss haben
die/eine Fähigkeit besitzen
eine Rolle spielen
der (ein) Faktor sein

für etwas wichtig sein / etwas beeinflussen
zu etwas fähig sein / etwas können
sich auswirken
(sehr) wichtig sein

Einige Nomen-Verb-Verbindungen (häufig mit einer Präposition) sind (fast) unveränderlich.
Beispiel: in Zweifel ziehen – Hier kann man weder einen Artikel noch ein Adjektiv einfügen.

Andere Verbindungen sind lockerer, man kann sie variieren.
Beispiel: großen/bedeutenden/geringen / den größten Einfluss haben

Nomen-Verb-Verbindungen kommen häufiger in geschriebenen Texten vor.

1 Ein Land – viele Gesichter

a Ordnen Sie die Begriffe den Definitionen zu.

1. Migrant
2. Herkunftsland
3. Einwohner
4. Integration
5. Staatsbürgerschaft

a) .... : das Land, aus dem man kommt bzw. aus dem die Vorfahren (Eltern/Großeltern) stammen

b) .... : Teile/Gruppen werden zu einer Einheit

c) .... : eine Person, die dauerhaft von ihrem Heimatland in ein anderes Land gegangen ist

d) .... : die Zugehörigkeit zu einem bestimmten Land, meistens dadurch dokumentiert, dass man den Pass besitzt

e) .... : die Menschen, die in einem Land / einer Stadt dauerhaft wohnen

b Ergänzen Sie die Wörter im Text.

Die Bundeskanzlerin traf sich mit Jugendlichen mit Migrationshintergrund, um mit ih_ _ _ über ei_ _ bessere Integ_ _ _ _ _ _ von jugend_ _ _ _ _ _ Migranten zu spre_ _ _ _ _. Im Zen_ _ _ _ _ des Gesp_ _ _ _ _ standen d_ _ Themen: Sch_ _ _ _, Ausbildung u_ _ Freizeit.

La_ _ Statistik i_ _ fast je_ _ _ fünfte Einw_ _ _ _ _ in Deuts_ _ _ _ _ _ _ nichtdeutscher Herk_ _ _ _.

Von d_ _ knapp 82 Mill_ _ _ _ _ Einwohnern

Deutsc_ _ _ _ _ _ sind 15 Mill_ _ _ _ _ selbst Zuwan_ _ _ _ _ oder Kin_ _ _ von Zuwan_ _ _ _ _ _. Das si_ _ rund 18 Pro_ _ _ _ der Bevöl_ _ _ _ _ _. Von die_ _ _ 15 Millionen besi_ _ _ _ _ etwa acht die deut_ _ _ _ Staatsangehörigkeit. D_ _ wichtigsten Herkunf_ _ _ _ _ _ _ _ _ sind d_ _ Türkei, Russ_ _ _ _ _, Polen u_ _ Italien. In vie_ _ _ Städten prä_ _ _ ausländische Mitb_ _ _ _ _ _ mittlerweile ga_ _ _ Stadtteile. In Ber_ _ _-Kreuzberg si_ _ z. B. mehr a_ _ ein Dri_ _ _ _ _ der Einw_ _ _ _ _ Menschen mit Migrationshintergrund.

2 Sätze bauen

a An welche Stelle im Satz passt die fehlende Angabe: a, b oder c?

1. Die Jugendlichen [a] waren [b] zu einem Gespräch [c] mit der Kanzlerin im Kanzleramt. (am Montag)
2. Viele Migrantenkinder [a] haben am Anfang in der Schule [b] Probleme [c]. (wegen der Sprache)
3. Die Studenten haben [a] die Politiker [b] scharf wegen der Bildungspolitik kritisiert [c]. (während des Gesprächs)

b Schreiben Sie die Sätze 1–5. Beachten Sie TeKaMoLo.

1. arbeitet – Monika – im Büro – von 9 bis 16 Uhr – jeden Tag
2. nach der Arbeit – muss – seinen Sohn – Peter – abholen – aus dem Kindergarten
3. am Freitag – fährt – mit dem Zug – Vasilij – nach Salzburg – wegen des starken Autoverkehrs
4. kochen – werden – am kommenden Wochenende – für meine ganze Familie – ich – zu Hause
5. umziehen – werden – aufgrund eines Jobwechsels – ich – von Köln nach Frankfurt

1. Monika arbeitet jeden Tag ...

(3) **Berühmte Deutsche aus und in aller Welt**

a **Verbinden Sie die Sätze mit den passenden Wörtern.**

aber • bevor • der • die • obwohl • um • wegen

1. Naidoo war der erste deutsche Popmusiker, ... mit deutschem Soul erfolgreich wurde.

2. Sein Vater ist Südafrikaner, ... er hat deutsche und indische Vorfahren.

3. Naidoo hatte als Jugendlicher Probleme .... seiner dunklen Hautfarbe.

4. Er hat Kickboxen gelernt, ... sich zu verteidigen.

5. Naidoo hatte viele Jobs, ... er Popmusiker wurde.

6. Naidoo hat auch die „Söhne Mannheims" mitgegründet, ... zu den großen deutschen Popgruppen gehören.

7. Naidoo arbeitet auch als Dozent an der Popakademie, ... er als Musiker mehr als genug zu tun hat.

b **Die Scorpions – eine deutsche Weltkarriere**
Lesen Sie den Text. Entscheiden Sie, welche der Antworten passt: a, b oder c? Es gibt jeweils nur eine richtige Lösung.

45 Jahre Rock 'n' Roll und ein Ende

Die Scorpions gehörten zu den ältesten Rockbands der Welt. Gegründet wurden sie 1965, aber erst 1971 nahmen sie das erste Album auf, denn damals wurde nicht gleich jeder erste Ton einer Band veröffentlicht.
5 Der erste Top-10-Hit 1984 war „Still Loving You" – in der Schweiz.

Als sie ihr erstes Nummer-1-Album hatten, schrieb man bereits 1990 und die Band hatte 25 Jahre Bühnenerfahrung hinter sich. Nicht gerade eine
10 Blitzkarriere, dafür aber umso nachhaltiger. „„Bon Jovi' sind bei uns in die Lehre gegangen", erzählt Sänger Klaus Meine. Die Schwermetaller „Iron Maiden" waren auch mal Vorband und von Axl Rose, Frontmann der „Guns 'n' Roses" erzählt man, dass er wegen der
15 Scorpions Musiker geworden ist. Über 40 Jahre sind die Scorpions um den Erdball gereist und haben Rockmusik aus Deutschland mit englischen Texten unter die Leute gebracht. Sie sind das Rock-'n'-Roll-

Beispiel dafür, dass der Prophet in der Heimat nichts gilt. Über Jahrzehnte waren sie überall bekannter als 20 in Deutschland. Ihre Hymne „Wind of Change", der legendäre Soundtrack zum Ende des Kalten Krieges, kennt aber auch in Deutschland fast jeder.

Was tut man, wenn man nach 40 Jahren auf einmal kein Scorpion mehr ist? „Wer weiß schon, was er in 25 drei Jahren macht?", antwortet Matthias Jabs und Sänger Klaus Meine stellt zu Recht fest: „Das ist ein komplett neuer Lebensabschnitt." „Zum Glück ist die Freundschaft, die diese Band ausmacht, nie auf der Strecke geblieben", ergänzt Meine. „Ich denke, das 30 ist ganz außergewöhnlich."

Die Karriere der Band war durchaus nicht immer leicht. 1999 waren sie kurz davor aufzugeben. Als die Musikstile sich radikal änderten, mussten sie kämpfen. Sie trafen den Nerv der Zeit nicht mehr, versuchten, 35 Musik zu spielen, die nicht ihre Musik war, und scheiterten komplett. „Es hat eine Weile gedauert, bis wir zurück ins Fahrwasser kamen", meint Gitarrist Jabs.

„Wir haben unseren Traum total gelebt", sagt Meine. „Wir haben alles erreicht, was man als Rockband 40 erreichen kann." Sie haben auf allen Kontinenten und vor vielen Prominenten gespielt. Und finanziell? Wie reich sind die „Scorpions" heute? Es reicht zum Leben, meinen sie.

Mehr Infos: www.the-scorpions.com/german/

1. Die Scorpions waren …
   a nur in Deutschland bekannt.
   b weltweit bekannter als in ihrer Heimat.
   c nie wirklich bekannt.

2. Der Song „Wind of Change" …
   a wurde zum Symbol des Endes des Kalten Krieges.
   b war der erste Hit der Band.
   c ist in Deutschland unbekannt.

3. Ende der 90er Jahre …
   a wurde die Band berühmt.
   b hatte die Band eine Krise.
   c erfand die Band einen neuen Musikstil.

4 **CD-Rezension**

a Suchen Sie in der Rezension im Schülerbuch Wörter, die in etwa das Gegenteil zu den Wörtern in der Liste bezeichnen.

von etwas abraten   *etwas empfehlen*

aufgeben   ....

furchtbar   ....

geboren   ....

hässlich   ....

nichts Besonderes   ....

b Ergänzen Sie die Modalverben in der richtigen Form (Infinitiv, Partizip II, Präsens, Präteritum).

1. Ich habe die erste CD der „Söhne Mannheims" nicht finden .... (können)

2. Ich habe auch lange suchen ...., bis ich die CD gefunden habe. (müssen)

3. Als ich sechs war, ... ich zum ersten Mal ins Fußballstadion gehen. (dürfen)

4. Naidoo wäre ein guter Koch geworden, aber er .... den Beruf nicht ausüben. (wollen)

5. Er hat Kickboxen gemacht, das habe ich leider nie .... (dürfen)

6. Ich .... eigentlich Tennisprofi werden, aber ich war nicht gut genug. (wollen)

7. Ich habe keine Karten bekommen .... Das Konzert ist total ausverkauft. (können)

8. Wir .... morgen ins Theater gehen. Ich habe drei Karten. (können)

9. Thea .... auch mitkommen, aber sie muss arbeiten. (wollen)

10. Miroslav Klose hat schon als Kind Profifußballer werden .... (wollen)

5 **Eine Rezension – Schreibtraining**

Im folgenden Text sind 10 Grammatikfehler: 5x Endungen, 5x Wortstellung. Korrigieren Sie den Text.

Tiemo Hauer noch sehr jung ist, aber sein erstes Album „Losgelassen" ist außergewöhnlich erwachsen und überraschend abwechslungsreich. Seinen klar Gesang begleitet er mit dem Klavier, was hervorragend zu den Songs passt, in denen es meistens um die Liebe geht. Zu vielen ruhigen Nummern findet man auf seinem Erstlingswerk auch mitreißend Mid-Tempo-Songs. Es ist eine einzigartige Musik, die einen sehr bewegt und die man sich gerne anhört, wenn man glücklich ist, aber auch wenn man todtraurig ist und die Traurigkeit möchte genießen. Hauer versteht es, seine Zuhörer mit seinen Songs zu verzaubert und zum genau Zuhören zu animieren. „Losgelassen" kein Album ist, das man im Hintergrund laufen lässt, sondern eines, dem man mit viel Aufmerksamkeit zuhört.

Mit ungewöhnlichen Methaphern beschreibt Hauer in sein Songs alltägliche Situationen, die wir kennen alle, und hat auch kein Problem damit, die Sachen so anzusprechen, wie sie sind. Man hat das Gefühl, mit „Losgelassen" ein persönliches Tagebuch zu hören, und stellt fest: Hier ein hervorragender Songschreiber und Sänger entdeckt wurde, der sich nicht hinter perfekt produzierten Popsongs versteckt, sondern mit seinen Liedern Geschichten erzählt. Tiemo Hauer gilt nicht ohne Grund als einer der großen Nachwuchstalente unter den deutschsprachigen Musikern. Man kann sein Album nur empfehlen.

▶ Mehr Infos: www.tiemo-hauer.de

Überblick

Personen vorstellen

Geburt	… ist in … geboren.
Eltern	Seine Eltern/Vorfahren stammen aus …
Jugend/Schule …	Als Jugendliche/r … In der Schule …
Heute	Heute ist er …/arbeitete er als/bei/für …

Über Migration sprechen

In Deutschland ist fast jeder fünfte Einwohner nichtdeutscher Herkunft.
Mehr als … besitzt die deutsche Staatsbürgerschaft.
Mehr als … hat einen Migrationshintergrund.
Die meisten ausländischen Mitbürger/innen stammen aus …
Ausländische Mitbürger/innen prägen das Stadtbild.
Sie ließen sich in Mannheim nieder.
Integration ist nicht immer einfach.

Eine Rezension schreiben

Einleitung	… von … ist zurzeit meine Lieblings-CD.
	Die CD wurde im Jahr … in … aufgenommen.
eigene Meinung	Seine/Ihre … Stimme und seine/ihre … Musik finde ich einfach …
	Für mich ist die Musik … Die Texte gefallen mir besonders gut, denn …
	… Musik, … Texte und … machen das Album zu einem Hörerlebnis.
Empfehlung	Die CD kann ich jedem empfehlen. Es lohnt sich, das Album zu kaufen.
	Wer … mag, für den gibt es nichts Besseres als …

Nützliche Ausdrücke

Aus den Zahlen geht hervor, dass …
Die … machen … Prozent der Bevölkerung aus.
Der Anteil der … beträgt … Prozent.

Grammatik kurz und bündig

1 Angaben im Satz: TeKaMoLo

Die Fotografen wollen	*Te*mporal: Wann?	*Ka*usal: Warum?	*Mo*dal: Wie?	*Lo*kal: Wo? Wohin?	ein Foto machen.
	heute	wegen des schönen Wetters	noch schnell	draußen	

- Es stehen selten alle Typen von Angaben in einem Satz.
- Eine Angabe kann auch am Satzanfang stehen. Die Reihenfolge der anderen Angaben bleibt unverändert:

Heute wollen die Fotografen | wegen des schönenWetters | noch schnell | draußen | ein Foto machen.

2 Modalverben im Perfekt

Modalverb mit Verb	Ich habe die Musik in einem Konzert live miterleben **können**.	Infinitiv
Nur Modalverb	Das hat er schon immer gut **gekonnt**.	Partizip II

1 **Was ist Gesundheit? – Definitionen von Gesundheit**

CD 3–6 Hören Sie zu. Welche Aussage passt zu wem? Notieren Sie die Namen.

Sabrina   Markus   Philipp   Martha

1. Man ist gesund, wenn man sich kräftig fühlt und eine gute Konstitution hat. ....

2. Zur Gesundheit gehört auch, dass man sich gut fühlt und entspannt ist. ....

3. Auch ohne eine gute körperliche Konstitution kann man gesund sein. ....

4. Man kann auch gesund sein, wenn man ein körperliches Problem hat. ....

2 **Das hält gesund und fit**

a   Ergänzen Sie die passenden Nomen, Verben oder verbalen Ausdrücke.

Verb	Nomen
sich wohlfühlen	....
sich ernähren	....
....	*die Bewegung*
....	*die Entspannung*
....	*die Fitness*

b   Wortschatz ordnen – Schreiben Sie die Wörter in die Tabelle und ergänzen Sie Artikel und Plural (wenn möglich). Manchmal gibt es mehrere Möglichkeiten.

sich erholen • sich ausruhen • Gemüse • Obst • Süßigkeit • Fleisch • Musik hören • Milchprodukt • vollwertig • Vollkornprodukt • Nahrung • Mahlzeit • Training • Kondition • innere Ruhe finden • Konstitution • Ausdauer • Fitness • Sport • Freundschaft • Freundeskreis • Freund • soziale Beziehung • gemeinsam • etwas unternehmen • entspannt • sich gegenseitig unterstützen • spazieren gehen

Ernährung	Bewegung	soziales Wohlbefinden	Entspannung
das Fleisch (Sg.)			

c   Schreiben Sie mit den Wörtern aus 2b Sätze.

Am Wochenende mache ich mit meinen Freunden vor einer vollwertigen Mahlzeit immer ein Ausdauertraining und verbessere meine Kondition.

3 **Das tue ich für meine Gesundheit**

Schreiben Sie mit den Satzteilen Antworten mit *indem* oder *dadurch, dass*.

im Fernsehen auftreten • eine eigene Firma mit einer guten Geschäftsidee gründen • jeden Tag eine Stunde Rad fahren, laufen oder schwimmen • mit anderen etwas gemeinsam machen • einen Kochkurs machen

1. Wie kann man die Ausdauer trainieren?
2. Wie kann man Freunde finden?
3. Wie wird man berühmt?
4. Wie kann man viel Geld verdienen?
5. Wie kann man kochen lernen?

Indem man jeden Tag …

4 **Tipps für die Gesundheit**

Schreiben Sie einen Text zum Thema „Gesunde Ernährung – ein Schulfach?" Bearbeiten Sie in Ihrem Text die folgenden Punkte:

– Arbeiten Sie wichtige Aussagen aus der Grafik „Die Ernährungspyramide" heraus.
– Was spricht für ein Fach „Ernährung" in der Schule, in dem man wichtige Kenntnisse über gesunde Ernährung erwirbt? Was spricht dagegen?
– Wie ist Ihr Standpunkt zu diesem Thema? Begründen Sie Ihre Meinung.

Die Ernährungspyramide

Je weiter unten die Lebensmittel in der Pyramide stehen, desto mehr sollte man davon zu sich nehmen.

Stufe 6: Süßigkeiten, Kuchen nur in geringen Mengen

Stufe 5: Fleisch und **Wurst** nicht häufiger als zwei bis drei Mal pro Woche, **Fisch** ein bis zwei Mal und **Eier** nicht öfter als ein bis zwei pro Woche

Stufe 4: täglich **Milch** und **Milchprodukte** wie Käse, Joghurt

Stufe 3: Grundnah-rungsmittel wie Vollkorn-brot, Kartoffeln, Nudeln mit mindestens 30 g Ballaststoffen pro Tag

Stufe 2: am besten zwei Portionen **Obst** und drei Portionen **Gemüse** am Tag

Stufe 1: mindestens 1,5 Liter pro Tag **trinken**, z.B. Wasser, ungesüßte Käuter- oder Früchtetees

Quelle: TK   © Globus 3522

5 **Gehirndoping – die Leistung optimieren**

Ergänzen Sie den Text mit den Wörtern in der richtigen Form.

durchführen • laut • befragen • repräsentativ • kommen • die Deutschen

Wie gesund leben die Deutschen?

Wenig Bewegung, ungesunde Ernährung und viel Stress, so leben die meisten Deutschen. .... einer Studie, die von der Sporthochschule Köln .... , lebt eine Mehrheit der Deutschen nicht oder nur teilweise gesund. In der Studie .... 2509 Deutsche am Telefon .... Die Studie liefert .... Daten für ganz Deutschland. Die Forscher .... zu dem Ergebnis, dass nur 14 % .... wirklich gesund leben.

6 Ein Radiointerview

CD 7 Hören Sie das Radiointerview noch einmal und ordnen Sie die Sätze, so dass eine Zusammenfassung des Interviews entsteht.

...1... In dem Interview mit Frau Professor Gülich geht es um die Möglichkeiten und Grenzen von Leistungssteigerung mithilfe von Medikamenten.

.... Deshalb fordert sie eine Diskussion in Wissenschaft und Gesellschaft, wie wir mit den Medikamenten umgehen wollen, damit wir ihre Vorteile nutzen können, ohne uns zu schaden.

...8... Deshalb kann es negative Auswirkungen auf die Gesundheit haben, wenn man diese Medikamente einnimmt.

.... Zweitens sieht sie ein Problem darin, dass die Nebenwirkungen dieser neuen Mittel noch nicht ausreichend erforscht worden sind.

.... Erstens helfen die Medikamente bis jetzt noch nicht, das Gehirn wirklich zu verbessern, sie helfen nur gegen z. B. Müdigkeit oder negative Stimmungen.

.... Professor Gülich erklärt anhand von Beispielen, welche Möglichkeiten es bis jetzt gibt.

.... Ihrer Meinung nach ist die Erforschung dieser Mittel noch nicht sehr weit gekommen und sie sieht zwei Nachteile:

.... Für die Zukunft sagt Frau Gülich voraus, dass die Entwicklung dieser Medikamente schnell vorankommen wird und dass die Gefahr besteht, dass Menschen unter sozialen Druck kommen, diese Medikamente einzunehmen.

7 Die Leistung steigern

Zwei Sichtweisen – Ergänzen Sie 1–4: A aus der Sicht eines sportlichen und B aus der Sicht eines unsportlichen Menschen. Es werden nicht alle vorgegebenen Ausdrücke gebraucht. Vergleichen Sie im Unterricht.

sich fit halten • viel Zeit verschwenden • viel Spaß haben • schlechte Laune bekommen • hohe Leistungen erzielen • der Körper schwach werden • auch die geistige Leistung sinken • wird der Körper geschont • sich den Appetit verderben • länger leben

1. Durch regelmäßiges Training …
2. Durch Stress und Anspannung …
3. Durch mangelnde Bewegung …
4. Durch vollwertige Ernährung …

A Durch regelmäßiges Training kann man sich fit halten.
B Durch regelmäßiges Training kann man viel Zeit verschwenden.

8 Diskussion

a **Was passt zusammen? Ordnen Sie zu.**

1. Entschuldigung,
2. Dürfte ich dazu
3. Ich möchte
4. Sie haben gesagt, dass … Können Sie das
5. Kommen wir
6. Bitte lassen Sie
7. Einen Moment bitte, ich möchte den Gedanken

.... a) bitte auch etwas sagen?
.... b) dazu noch etwas ergänzen …
.... c) mich ausreden.
.... d) näher erläutern?
.... e) noch einmal zurück zu der Frage …
.... f) wenn ich Sie unterbreche, …
.... g) zu Ende führen.

CD 8 b **Kontrollieren Sie mit der CD und sprechen Sie nach.**

Überblick

Über Gesundheit sprechen

Durch Bewegung wird der Körper besser durchblutet und die körperliche Konstitution verbessert.
Entspannung ist ein Ausgleich für die Hektik im Alltag.
Bewegung trägt zur Gesundheit bei.
Man muss lernen, mit Stress umzugehen und die innere Ruhe zu finden.
Die WHO definiert Gesundheit als einen Zustand völligen Wohlbefindens.
Ich halte mich fit, indem ich regelmäßig jogge.

Einen Kurzvortrag halten

Einleitung:	Ich habe das Foto … ausgewählt.
Wiedergabe:	Der Text zu dem Foto sagt, dass …
Stellungnahme:	Ich glaube, das ist richtig / nicht richtig. Meiner Erfahrung nach …
Beispiel:	Dafür möchte ich ein Beispiel geben: …
Fazit:	Deshalb meine ich, dass …

Ein Interview zu Medikamenten verstehen

Diese Medikamente sind Eingriffe ins Gehirn, die unsere Persönlichkeit verändern.
Es gibt Medikamente, die die Stimmung aufhellen.
Diese Medikamente werden zur Leistungssteigerung genommen.
Die Nebenwirkungen dieses Medikaments sind noch nicht gut erforscht.
Die Medikamente können die Konzentration erhöhen, sie können aber auch negative Auswirkungen haben.
Unter der Voraussetzung, dass die Medikamente nicht schaden, möchten viele sie einnehmen.

Eine Debatte führen

Ich bin der Meinung, dass …
Da bin ich ganz anderer Meinung. Man kann doch nicht …
Lassen Sie mich bitte ausreden.

Nützliche Ausdrücke

Laut einer Studie …	eine Studie durchführen
ein Fazit ziehen	repräsentative Daten liefern

Grammatik kurz und bündig

1 Modale Präpositionen	
durch + Akkusativ	**Durch** regelmäßige Bewegung kann man sich fit halten.
laut + Dativ	**Laut** einer Studie wären viele Schüler und Studenten bereit, chemische Mittel zur Leistungssteigerung einzunehmen, wenn sie nicht der Gesundheit schaden würden.

2 Modale Konjunktionen: *indem – dadurch, dass*	
dadurch dass	**Dadurch das**s ich genug schlafe, kann ich mich gut konzentrieren. Ich kann mich gut konzentrieren, **dadurch dass** ich genug schlafe.
indem	Ich erweitere meinen Wortschatz, **indem** ich deutsche Podcasts höre. **Indem** ich deutsche Podcasts höre, erweitere ich meinen Wortschatz.

Training 1

1 **Wortbildung**

a Wortfamilie: -SPRECH- und -SPRACH- – Wie viele Wörter können Sie ohne Wörterbuch ergänzen? Suchen Sie noch je vier weitere Wörter im Wörterbuch.

versprechen

sprechen

Sprecher

-SPRECH-

Sprache

sprachlich

versprachlichen

-SPRACH-

b Weiterüben – Suchen Sie Wörter zu folgenden Wortstämmen: -staat-, -freund-

2 **Verben**

a Ergänzen Sie die Sätze mit je einem der Verben in der richtigen Form.

sich   beherrschen, begeistern (für), entscheiden (für/gegen), integrieren (in), einlassen (auf), auswirken (auf), verteidigen, entspannen, steigern

etwas   beherrschen, entscheiden, integrieren, bezweifeln, beeinflussen, verteidigen, bewegen, empfehlen, unternehmen, optimieren, erforschen

jemanden   beherrschen, integrieren, untersuchen, verteidigen, bewegen, empfehlen

1. Er sollte Lehrer werden, denn er kann Jugendliche ...*für*............... das Lernen .....*begeistern*.......... .

2. Wenn Kinder früh zwei Sprachen lernen, dann .... das auf das Gehirn
....

3. Viele können gut kommunizieren, obwohl sie die Grammatik nicht korrekt ....

4. Ich kann dir die CD nur .... Das ist eine ganz tolle Musik.

5. Mein Vater ...., dass ich die Prüfung schaffe, aber ich bin mir sicher.

6. Wenn mein Bruder Ärger hat, dann muss ich ihn immer ....

7. Mein Freund hat sich .... ein Studium in Deutschland ....
Er wird in Heidelberg Physik studieren.

8. Er will Astro-Physiker werden und das Weltall ....

b Weiterüben – Schreiben Sie mit den restlichen Verben aus 2a fünf Sätze über sich selbst.

3 **Nomen**

a Ein Verb passt jeweils nicht zu den Ausdrücken. Markieren Sie.

1. einen Aspekt (des Problems)   hervorheben, beschreiben, bekommen, vernachlässigen, betonen

2. eine Sprache fließend   sprechen, schreiben, beherrschen, hören, können

3. eine Untersuchung   machen, wiederholen, anstellen, bezweifeln, feststellen

4. einen Vortrag   halten, schreiben, hören, anstellen, unterbrechen

5. zu einer Einsicht   wiederholen, kommen, gelangen, bringen, verhelfen

6. die Staatsbürgerschaft   beantragen, haben, ablegen, beherrschen, bekommen

7. Verständnis füreinander   zeigen, sprechen, haben, aufbauen, äußern

8. in Bewegung   sein, kommen, geraten, bringen, machen

9. seinen Freundeskreis   unternehmen, haben, pflegen, aufbauen, vernachlässigen

10. ein soziales Netz   aufbauen, zerstören, gelangen, beschreiben, pflegen

b   Wie heißen die Nomen zu diesen Verben und Adjektiven? Manchmal gibt es mehrere Möglichkeiten.

studieren	*das Studium*	produktiv	*die Produktivität*
untersuchen	....	entspannt	....
strukturieren	....	hektisch	....
einsehen	....	chaotisch	....
wirken	....	fähig	....
vortragen	....	gesellschaftlich	....
integrieren	....	genetisch	....
empfehlen	....	bewusst	....

4   Die kleinen Wörter

a   Ergänzen Sie die Sätze mit *erst*, *schon* oder *noch*.

1. Tina lernt .... seit acht Jahren Deutsch, aber .... seit diesem Jahr macht es ihr Spaß.

2. Du kannst aber .... gut sprechen. – Ja, aber das Schreiben muss ich .... üben.

3. .... zwei Jahre und dann bin ich endlich mit der Schule fertig.

4. Meine Freundin weiß ...., was sie studieren will, aber ich .... nicht.

5. .... seit wenigen Jahrzehnten weiß man, wie Menschen genetisch gebaut sind.

6. Dass die Erde eine Kugel ist, weiß man .... seit vielen Jahrhunderten.

b   Ergänzen Sie die Sätze mit *noch nicht* oder *nicht mehr*.

1. Texte schreiben fällt uns schwer, das haben wir .... genug geübt, aber die weil-Sätze sind klar.
   Die müssen wir .... üben.

2. Alfons ist 16. Er sieht sich .... als Kind, aber er ist auch .... erwachsen.

3. Unsere Eltern sagen uns .... täglich, was wir tun müssen.

4. Aber unsere Eltern lassen uns auch .... ganz in Ruhe.

5. Ich bin .... mit der Schule fertig, aber nächstes Jahr mache ich meinen Abschluss.

6. Meine Schwester geht .... in die Schule. Sie arbeitet schon.

5   Wörter leichter lernen

a   Viele Wörter kann man leichter in Paaren lernen. Die Paare können z. B. Gegensätze oder Entsprechungen sein. Bilden Sie Paare.

Muttersprache   fähig   Ordnung   anrufen   bestellen   steigern   Herkunft   Wirkung   fließend   Produzent   Hintergrund   Stress   Hauptsache   speichern   leistungssteigernd   integrieren

Vordergrund   Entspannung   liefern   telefonieren   senken   leistungsmindernd   Nebenwirkung   Fremdsprache   isolieren   Chaos   löschen   Konsument   Abstammung   unfähig   stockend   Nebensache

integrieren – isolieren

b   Weiterüben – Überlegen Sie sich ähnliche Wortpaare und schreiben Sie eine Übung wie in 5a. Tauschen Sie ihre Übungen im Unterricht untereinander aus.

Training 1

STRUKTUREN TRAINIEREN

6 **Wörter und Texte**

Sie erhalten den folgenden Text. Leider ist der rechte Rand unleserlich. Rekonstruieren Sie den Text, indem Sie jeweils das fehlende Wort an den Rand schreiben.

Musik hält gesund

Am Ende eines anstrengenden Tages gemütlich auf dem Sofa sitzen und Musik hören

uns gut. Die Musik ist ein Ausgleich für die Hektik

Tages und sie hilft uns zu entspannen. Dadurch fördert

auch die körperliche Gesundheit. Welche Musik dafür besonders

ist, das ist von Mensch zu Mensch verschieden.

Der eine bevorzugt sanfte Entspannungsmusik, der

mag lieber harte Rhythmen. Allerdings gibt es auch Musik, die

vielen Menschen gleichermaßen als entspannend empfunden

wie zum Beispiel die Musik des Musikgenies Mozart. Noch besser

Musikhören ist eigenes, aktives Musizieren. Natürlich kann

jeder Geige so spielen, dass es entspannend ist, aber jeder kann singen

das Singen macht Spaß und hat eine positive Wirkung auf unser körperliches

Probieren Sie es einfach einmal aus. Singen Sie nach dem nächsten Stresstag

kräftiger Stimme Ihr Lieblingslied. Sie werden sehen, wie wohl Sie sich fühlen.

01. *tut*
02. *des*
1. ....
2. ....
3. ....
4. ....
5. ....
6. ....
7. ....
8. ....
9. ....
10. ....

---

7 **Verben mit Präpositionen**

Ergänzen Sie die Präpositionen und die Fragewörter.

1. Viele Migranten haben Schwierigkeiten, ... dem Leben in Deutschland zurechtzukommen.

   .... müssen sie zum Beispiel zurechtkommen?

   .... der neuen Sprache.

2. Man braucht viel Kraft, um sich .... ein fremdes Land einzulassen.

   Können Sie ein Beispiel geben? .... muss man sich einlassen?

   Zum Beispiel .... die andere Mentalität.

3. Der Ortswechsel wirkt sich besonders .... das Leben der Kinder aus.

   .... wirkt er sich zum Beispiel aus?

   .... die Leistungen in der Schule.

4. Vereine können .... einer besseren Integration beitragen.

   .... können sie zum Beispiel beitragen?

   .... einem besseren gegenseitigen Kennenlernen und Verständnis.

8 **Indirekte Fragen**

Ergänzen Sie, wo nötig, ein Fragewort und schreiben Sie indirekte Fragen.

1. ...Wie............................ ...oft........................... pro Woche machen Sie Sport?
2. .... Sportart mögen Sie gerne?
3. .... Sportart interessieren Sie sich überhaupt nicht?
4. Finden Sie Sport wichtig oder unwichtig?
5. .... finden Sie den Sportunterricht in der Schule?
6. Halten Sie Leistungssport für gesund?

Können Sie mir sagen, wie oft Sie ...
Ich würde gerne wissen, ...

9 **Relativsätze**

a **Ergänzen Sie die Relativpronomen.**

1. Bert ist ein Sprachgenie,
   a) .... leicht Fremdsprachen lernt.
   b) .... Sprachenlernen leichtfällt.
   c) .... die meisten Leute bewundern.

2. „Ohrenmenschen" sind Leute,
   a) .... meistens auch Musik lieben.
   b) .... das Hören beim Sprachenlernen am wichtigsten ist.
   c) .... die Aussprache meistens leichtfällt.

Ohrenmensch

3. Ein „Bewegungsmensch" ist jemand,
   a) .... man gut Theater spielen kann.
   b) .... nicht nur aus Büchern lernen kann.
   c) .... es schwer fällt, den ganzen Tag zu sitzen.

4. Anna ist eine Lernerin,
   a) .... gerne Romane in der Fremdsprache liest.
   b) .... das Sprechen in der Fremdsprache schwerfällt.
   c) .... man fragen kann, wenn man eine Regel nicht weiß.

b **Machen Sie aus den zwei Sätzen einen Satz mit Relativsatz.**

1. Der Sänger Beshado kennt das Land kaum. Seine Eltern stammen aus dem Land.
2. Beshado studierte an der Mannheimer Popakademie. Sie wurde von Xavier Naidoo mitgegründet.
3. Der neue Song von ihm erscheint nächste Woche. Ich habe lange auf den Song gewartet.
4. Mir gefallen seine Texte gut. Sie handeln meistens von Menschen und ihren Gefühlen.

Der Sänger Beshado kennt das Land kaum, aus dem ...

10 **Konjunktionen**

a **Schreiben Sie Nebensätze mit *um ... zu* oder *damit*. Wo können Sie nur *damit* verwenden?**

1. Ich habe gehört, dass einige Studenten Medikamente nehmen. Sie wollen die Leistung steigern.
2. Er joggt täglich. Er möchte seine Kondition verbessern.
3. Sie machen Yoga. Sie wollen sich vom Prüfungsstress entspannen.
4. Die Kantine bietet abwechslungsreiches Essen. Die Schüler sollen sich gesund ernähren können.
5. Sie möchte kochen lernen. Sie möchte nicht immer in die Kantine gehen müssen.

b **Verbinden Sie die Sätze mit *weil* oder *obwohl*.**

1. Sie wollen sich heute treffen. Sie müssen zusammen ein Referat vorbereiten.
2. Abends gehen sie ins Kino. Das Referat ist noch nicht ganz fertig.
3. Alle sind gut gelaunt. Heute beginnen die Ferien.
4. Er möchte heute unbedingt surfen gehen. Der Wetterbericht hat Regen vorhergesagt.
5. Sie fährt mit ihm auf dem Mofa. Sie ist ängstlich.

1 So wohnen wir, so möchten wir gerne wohnen

Ergänzen Sie den Text. Die Silben im Kasten helfen Ihnen.

| Ba | ben | che | de | drat | kos | Kü | La | ge | me |
| mer | Mie | te | Miet | Ne | Qua | ten | ter | trag | ver | zim |

Wir haben eine neue Wohnung! Gestern haben wir den ....

unterschrieben. Die Wohnung ist zwar teuer, aber die ....

ist super mit Blick über den Fluss und ganz nah am Stadtzentrum.

Die .... beträgt 599 Euro. Dazu kommen noch

die ...., also das Geld für Wasser, Strom usw.

Die Wohnung ist nicht sehr groß, nur 45 ....

Wir haben zwei Zimmer, eine schöne ...., in der wir

auch essen können, und ein schönes .... mit Dusche

und Badewanne.

2 Zahlen zur Wohnsituation in Deutschland

a Lesen Sie die Grafik und ergänzen Sie den Text mit den Wörtern in der richtigen grammatischen Form.

Befragten • ergeben • Rolle • folgen • Viertel • Überschrift • Auskunft • am häufigsten • Stelle • Jeder • teilnehmen an • Unterschied • doppelt • Umfrage • Erfahrungen • vermuten • Zahlen

Ich habe hier eine Grafik mit der .... „Nervende

Nachbarn", die auf der Basis einer .... im August

2009 erstellt worden ist. Sie gibt darüber ....,

was die Deutschen am meisten an ihren Nachbarn stört.

Wie viele Deutsche .... der Umfrage

................................., geht aus der

Grafik nicht hervor. Die .... konnten mehrere

Punkte nennen, die sie an ihren Nachbarn stören. Da die Zahlen

zusammen weniger als 100 % ...., nehme ich

an, dass in der Grafik nur die sechs ....

genannten Punkte aufgeführt worden sind.

Nervende Nachbarn*
Was die Deutschen am meisten an ihren Nachbarn nervt.*

23%	Lärmbelästigung
18%	Neugierde
14%	Unfreundlichkeit
10%	Nachbarskinder
6%	Unordnung
5%	Haustiere

An erster .... steht die Lärmbelästigung. Fast ein .... aller Deutschen fühlt

sich durch den Lärm ihrer Nachbarn gestört. Mit jeweils 18 % bzw. 14 % .... dann die Neugierde

und die Unfreundlichkeit der Nachbarn. .... zehnte Deutsche fühlt sich durch die Kinder der

Nachbarn und durch Gerüche, die aus der Nachbarwohnung kommen, gestört. Die Haustiere und die Unordnung der

Nachbarn stören nur 5 bzw. 6 % der Deutschen.

Mich wundert besonders der .... zwischen den Punkten „Nachbarskinder" und „Haustiere". Ich

habe gelesen, dass es in Deutschland sehr viele Hunde gibt und Hunde sind ja auch häufig sehr laut. Trotzdem fühlen

sich nur 5 % der Deutschen von den Haustieren gestört, aber .... so viele von den Kindern ihrer

Nachbarn. Leider habe ich keine .... über mein Heimatland. Aufgrund meiner persönlichen

.... nehme ich aber an, dass die ersten drei Punkte bei uns ähnlich wichtig sind. Allerdings würde ich

an vierter Stelle ...., dass man sich über die Unordnung der Nachbarn ärgert. Die Haustiere spielen

bei uns keine ...., da es nicht so viele gibt.

Quelle: Immo Media Consult / Immobilien Scout (August 2009) – *Mehrfachnennungen

b Lesen Sie die Grafik und schreiben Sie einen Text wie in 2a.
Vergleichen Sie im Unterricht.

Kontakte mit Nachbarn

23%	Sehr gut, häufiges Sehen und Plaudern
7%	Gut, zur Party eingeladen
49%	Geht so, kurzer „Small Talk" bei zufälligen Treffen
19%	Fast gar nicht, kaum mehr als ein „Hallo"
2%	Noch nie gesehen

Quelle: Immo Media Consult / Immobilien Scout (August 2009)

3 **Aussagen begründen**

a Ergänzen Sie.

weil • denn • deshalb • trotzdem • wegen • sonst

Ich wohne im Studentenwohnheim, ... 1 es sehr
praktisch ist. Ich mache auch oft etwas zusammen mit meinen Zimmer-
nachbarn, ... 2 sie sind sehr nett. Leider müssen
wir alle viel lernen, ... 3 können wir nicht so viel
ausgehen, aber natürlich machen wir 4
manchmal etwas zusammen. Neulich ist ein Neuer eingezogen. Er ist nett,
aber laut. .... 5 des Lärms aus dem Nachbarzimmer
konnte ich die ganze letzte Nacht nicht schlafen. Ich muss unbedingt mal
mit ihm sprechen, damit er Rücksicht nimmt, ... 6
kann ich mich nicht gut auf meine Prüfungen vorbereiten.

b Formen Sie die Sätze um. Verwenden Sie 1. *weil* oder *obwohl* und 2. *deshalb* oder *trotzdem*.

1. Trotz der meistens niedrigeren Miete möchte ich nicht zur Untermiete wohnen.

2. Wegen des interessanten Studienangebots ist er an die Universität Greifswald gegangen.

3. Trotz fehlender Chinesischkenntnisse hat er ein Praktikum in China gemacht.

4. Wegen seiner Freunde hier möchte er nicht in einer anderen Stadt studieren.

1. Ich möchte nicht zur Untermiete wohnen, obwohl die Miete meistens niedriger ist.

2. Die Miete ist meistens niedriger, trotzdem ...

c Ergänzen Sie die Sätze für sich und vergleichen Sie im Kurs.

1. Ich kann heute nicht kommen, weil ...

2. Ich kann heute nicht kommen, obwohl ...

3. Bitte hilf mir, sonst ...

4. Ich kann ein Jahr im Ausland verbringen, wenn ...

5. Ich habe überhaupt keine Zeit, trotzdem ...

6. Ich habe überhaupt keine Zeit, deshalb ...

4 **Wünsche**

a Ergänzen Sie passende Fragewörter.

1. Was schätzen Sie, ... junge Leute in Ihrem Land während des Studiums bei den Eltern wohnen?

2. .... Vorteile hat Ihrer Meinung nach das Wohnen im Studentenwohnheim?

3. Können Sie sich vorstellen, ... das Wohnen zur Untermiete bei deutschen Studenten nicht so beliebt ist?

4. .... Probleme können entstehen, wenn man in einer Wohngemeinschaft wohnt?

5. Haben Sie schon eine Idee, ... Sie zusammenwohnen möchten?

b Beantworten Sie die Fragen von 4a für sich. Verwenden Sie *weil, obwohl, deshalb, trotzdem, wenn, sonst, wegen, trotz*. Vergleichen Sie im Unterricht.

5 **Gemeinsam leben im Internet?**

a **Finden Sie die Wörter zu den Definitionen in den Forumstexten im Schülerbuch.**

benbom • leinipch • deiab snei • greisenbep • movkrenom

1. .... andere Menschen regelmäßig quälen und psychisch verletzen
2. .... unangenehm, so dass man sich dafür schämt
3. .... teilnehmen (2 Wörter)
4. .... etwas verraten, eine geheime/private Information an alle geben
5. .... etwas wirkt auf jemanden

b **Ergänzen Sie fünf Wörter aus 5a in der richtigen grammatischen Form.**

1. Wenn jemand in der Schule oder am Arbeitsplatz .... wird, ist das ein ernstes Problem.
2. Lukas weiß, dass sein Freund heimlich eine neue Freundin hat. Aber er .... sein Geheimnis nicht

   ....
3. Wenn es eine gute Party gibt, ... Klaus immer ....
4. Ich habe mal ein Referat gehalten und da ist mir ein Wort nicht eingefallen. Das war mir total ....
5. Irgendwie ist der Satz nicht richtig, ich weiß nicht, was falsch ist, aber wenn ich den Satz lese, ...

   er mir komisch ....

6 **Einen argumentativen Text schreiben**

In dem folgenden Text ist der rechte Rand unleserlich.
Rekonstruieren Sie den Text, indem Sie jeweils das
fehlende Wort an den Rand schreiben.

Computerspiele: pro und kontra

Computerspiele im Internet sind bei vielen Leuten auf der ganzen Welt sehr ████.   01. *beliebt* ....

Das Interesse ist in den verschiedenen Ländern unterschiedlich groß, ████   02. *aber* ....

man kann sagen, dass es in allen Ländern, in denen es Computer ████,   1. ....

auch Computerspieler gibt. Ein großer Vorteil der Computerspiele liegt ████,   2. ....

dass sie sehr vielfältig sind. Es gibt sowohl Action-Spiele, die sehr gewalttätig

sind, als auch Spiele, die Kinofilme nachspielen, es gibt Lernspiele, in ████   3. ....

man spielerisch den Schulstoff wiederholen kann, und natürlich ████   4. ....

die klassischen Spiele wie z. B. Schach.

Andererseits muss man aber auch berücksichtigen, dass

häufiges Computerspielen nicht gut für die Gesundheit ist und ████   5. ....

Computersucht führen kann. Es gibt auch Untersuchungen, die zeigen,

dass Jugendliche, die viel Computer spielen, nicht so gut in der Schule sind.

Ich fände es wichtig, dass die Spiele nicht für alle zugänglich sind. Kleine Kinder ████   6. ....

z. B. keine Gewaltspiele spielen. Auch bei Jugendlichen sollten die Eltern darauf ████,   7. ....

dass sie nicht zu viel spielen. Ich selbst spiele zwar manchmal, aber nicht

so lange.

Wenn ich Prüfungen habe, spiele ich überhaupt ████.   8. ....

Überblick

Über Wohnwünsche sprechen

Zur Untermiete wohnen ist bei den Studenten nicht sehr beliebt.
Nicht alle können sich eine eigene Wohnung leisten.
Trotz der hohen Mietkosten wollen viele Studenten in einer eigenen Wohnung wohnen.
Sie möchte nicht alleine wohnen, sonst würde sie sich einsam fühlen.

Eine Grafik interpretieren

Die Grafik zeigt …

Fast/gut ein Drittel/Viertel der Studenten …

Mich wundert, dass …

Bei uns in … ist die Situation gleich/ähnlich/anders.

Über soziale Netzwerke diskutieren

Wenn es keine sozialen Netzwerke gäbe, könnte man nicht so leicht mit Freunden Kontakt halten.
Wenn man soziale Netzwerke unreflektiert nutzt, kann das schädlich sein.
Ich fände es wichtig, dass man mit Problemen, die auftauchen können, vernünftig umgeht.
Meine Privatsphäre ist mir wichtig.
Für mich findet das Leben immer noch hauptsächlich in der realen Welt statt.

Einen argumentativen Text schreiben

Einleitung:	Soziale Netzwerke im Internet sind …
pro:	Ein großer Vorteil der Netzwerke liegt darin, dass …
kontra:	Andererseits muss man aber auch berücksichtigen, dass …
eigene Meinung:	Ich fände es wichtig, dass …
Fazit:	Deshalb …

Nützliche Ausdrücke

Daten der Öffentlichkeit zugänglich machen
etwas ins Internet stellen
Zeit für die wirklich wichtigen Dinge haben

in Kontakt kommen
etwas von sich preisgeben
etwas kommt jdm. unlogisch vor

Grammatik kurz und bündig

1 Satzverbindungen

Konjunktion + Nebensatz	Konjunktion + Hauptsatz	Satzadverb	Präposition
weil	denn	deshalb	wegen
obwohl	aber	trotzdem	trotz
wenn		sonst/dann	

2 Besondere Formen des Konjunktiv II

Wenn es keine Netzwerke im Internet **gäbe** … = geben würde
Ich **fände** es wichtig, dass … = würde es wichtig finden …

Sie lernen hier nur zwei häufige Formen kennen. Weitere Formen des Konjunktiv II lernen Sie auf dem Niveau C1.

1 **Brainstorming**

a Welche Wörter aus anderen Wortarten passen jeweils? Kontrollieren Sie mit dem Wörterbuch.

Verben	Nomen	Adjektive
fantasieren		
X	*die Methode*	
kritisieren		
		verboten
	die Überzeugung	
		X
produzieren		*assoziativ*
	der Kommentar	X
erlauben		X

b Ergänzen Sie die Sätze mit Wörtern aus 1a in der passenden Form.

1. Um eine gute Geschichte zu erfinden, braucht man viel ....

2. Um die eigene Meinung zu äußern, braucht man nicht die .... vom Chef.

3. Ich bin der .... , dass niemand neue Ideen .... darf.

4. Während des Brainstormings darf man die Ideen der anderen nicht ....

5. Man soll im Brainstorming zuerst frei .... Die .... kommt dann später.

6. Mein .... zu deiner Idee ist: Ich finde sie super.

2 **Brainwriting**

a Wiederholung: Verben mit Präpositionen. Markieren Sie die passende Präposition.

1. Wir müssen uns auf/an/für unsere Aufgaben konzentrieren.

2. Ich glaube an/auf/gegen unser Projekt.

3. Wir sollten uns an/bei/für eine schönere Stadt einsetzen.

4. Ein Brainstorming besteht in/aus/mit mehreren Phasen.

5. Du solltest von/um/mit deinem Gejammer über deine Fantasielosigkeit aufhören.

6. Über/Zu/Von deine Vorschläge muss ich nachdenken.

7. Das Brainstorming gehört zu/mit/auf den bekanntesten kreativen Techniken.

8. Ihr müsst nicht immer gleich zu/nach/um dem Lehrer rufen. Versucht es erst einmal allein.

9. Mein Bruder beschäftigt sich viel vor/auf/mit Computerprogrammen.

10. Nehmt ihr auch für/bei/an dem Projekt teil?

b Schreiben Sie eine ähnliche Übung wie in 2a – mit anderen Verben – für den Unterricht. Tauschen Sie Ihre Übungen aus.

Du musst dich gegen/bei/an deinen Bruder durchsetzen.

c   Schreiben Sie je zwei Sätze mit *davon*, *darüber*, *darum* usw. wie im Beispiel.

1.	Ich bin begeistert von Autos.	kaufen	[a] zu	[b] dass + wir
2.	Er ist froh über seinen Erfolg.	haben	[a] zu	[b] wenn + er
3.	Du musst dich um Geld kümmern.	abheben	[a] zu	[b] dass + sie
4.	Ich halte nichts von Zigaretten.	rauchen	[a] zu	[b] dass + mein Freund
5.	Er ist überzeugt von Aktivurlaub.	machen	[a] zu	[b] dass + wir
6.	Sie zweifelt an ihrem Plan.	verwirklichen	[a] zu	[b] ob + sie
7.	Wir diskutieren über das Projekt.	machen	[a] zu	[b] wann + wir
8.	Sie denken an ihre Eltern.	besuchen	[a] zu	[b] wann + sie

a) Ich bin begeistert davon, ein Auto zu kaufen.

b) Ich bin begeistert davon, dass wir ein Auto kaufen.

3

Kreativität im Alltag

CD 9–12   **a**   Hören Sie die Aussagen von vier Schülern zum Thema „Kreativität im Alltag". Entscheiden Sie beim Hören, welche Aussage (A, B oder C) zu welchem Schüler (Aufgaben 1–4) passt. Lesen Sie zunächst die Aussagen A, B und C.

Wie schätzen die Schüler ihre Kreativität ein?

		A	B	C
Aussage A Ich bin nicht kreativ.	1. Schüler 1			
Aussage B Ich mag kreative Aufgaben gern.	2. Schüler 2			
Aussage C Ich bin eher ein Typ, der Regeln braucht.	3. Schüler 3			
	4. Schüler 4			

b   Hören Sie ein zweites Mal. Entscheiden Sie beim Hören, welche der Aussagen A–F zu wem passt (Aufgaben 5–8). Zwei Aussagen bleiben übrig.

Lesen Sie zunächst A–F. Sie haben dazu eine Minute Zeit.

A   Es muss auch Menschen geben, die nur ihre Arbeit gut machen wollen.

B   Zum Kreativsein braucht man etwas Mut.

C   Die Kreativität mancher Leute wird überschätzt.

D   Es ist sowieso schon zu viel Unordnung in dieser Welt.

E   Ich habe es gerne, wenn die Dinge gleichbleiben.

F   Nur die Fantasie kann die Welt verändern.

		A	B	C	D	E	F
5.	Schüler 1						
6.	Schüler 2						
7.	Schüler 3						
8.	Schüler 4						

4 Kooperativ arbeiten

a Welches Verb aus dem Text im Schülerbuch passt hier? Ergänzen Sie in der richtigen Form.

aneignen • analysieren • aushalten • beschaffen • funktionieren • geben • sprühen • zutrauen

1. Sie müssen Ihrer Idee eine Chance ....

2. Finden Sie heraus, ob Ihre Idee in der Praxis wirklich ....

3. Als Erstes muss man das Problem genau ....

4. Sie sollten sich selbst mehr Kreativität ....

5. Zuerst müssen Sie sich die notwendigen Fertigkeiten ....

6. Dann sollten Sie sich alle möglichen Informationen ....

7. Man muss nicht immer vor Kreativität .... , um neue Ideen zu haben.

8. Wichtig ist, dass man auch Enttäuschungen .... , ohne aufgeben.

b Silbenrätsel – Lesen Sie die Beispielsätze und ergänzen Sie die passenden Wörter aus dem Silbenrätsel.

be	blitz	en	Ent	fels	Geis	ll		kreis	lu	lung	on
sein	Selbst	si	ter	tes	Teu	trau	Un	ver	wick	wusst	

1. Es ist eine .... zu glauben, dass man jeden Tag die Welt neu erfinden kann.

2. Unser .... arbeitet oft weiter, während wir bewusst an etwas ganz anderes denken.

3. Wenn man es gar nicht erwartet, kommt dann oft der ....

4. Kreative Techniken werden oft bei der .... von Produkten verwendet.

5. Wenn man nicht an sich glaubt, dann hat man wenig Erfolg, dadurch wenig ....
   Das ist ein ....

5 Adjektive im Genitiv

Ergänzen Sie die notwendigen Genitivendungen. Ordnen Sie dann die Satzenden a–f zu.

1. Die Entwicklung d.............. menschlich.............. Kreativität

2. Die Lösung komplex.............. Aufgaben

3. Es gibt viele Methoden d.............. kreativ.............. Arbeitens,

4. Zur Auswahl ein.............. gut.............. Einfall..............

5. Der Aufbau d.............. kindlich.............. Selbstvertrauens

a) braucht man Zeit und Geduld.

b) die im Alltag nützlich sind.

c) müsste ein Schulfach sein.

d) wird durch kreative Spiele gefördert.

e) erfordert viel Fantasie.

6 Schule und Kreativität

Thema „Kreativität fördern" – Schreiben Sie die Sätze zu Ende. Vergleichen Sie im Unterricht.

Einige sagen, …

Andere sind der Meinung, man sollte …

Manche haben das Gefühl, …

Eine wichtige Voraussetzung ist …

Ich bin der Auffassung, …

Zusammenfassend kann man sagen, …

Überblick

Über Kreativität sprechen

Jeder Mensch kann kreativ sein.
Kreativität kann man zumindest zum Teil lernen.
Durch kreative Techniken kann man die Fantasie wecken.
Durch freies Assoziieren kann man viele Ideen produzieren.
Man kann Ideen von anderen aufgreifen und mit eigenen Ideen kombinieren.

Ideen finden und bewerten

Ich bin begeistert von …
Ich bin begeistert davon, … zu kaufen.
Die Idee, … zu machen, finde ich toll.
Das ist bestimmt realisierbar.
Um das zu machen, muss man …
Das Beste ist …, danach kommt …

Ich halte nichts von …
Ich halte nichts davon, … zu kaufen.
Ich bin mir nicht sicher, ob …
Die Idee ist schön, aber …

Nützliche Ausdrücke

vor Kreativität sprühen
die Aufgabe definieren
das Problem beschreiben

das Gefühl haben zu scheitern
etwas/jemandem eine Chance geben

Es ist eine Illusion, (zu glauben), dass uns die Ideen zufliegen.
Jetzt heißt es durchhalten / genau planen / sich anstrengen / nicht nachgeben.
Eine wichtige Voraussetzung ist, dass …

Grammatik kurz und bündig

1 Präpositionalpronomen

Ich halte nichts <u>von Pflanzen</u>. – Ich halte auch nichts <u>davon</u>.

Ich halte nichts <u>davon</u>, <u>dass wir Pflanzen kaufen</u>.

Ich halte nichts <u>davon</u>, <u>Pflanzen zu kaufen</u>.

Präpositionalpronomen können sich auf einzelne Nomen oder ganze Sätze beziehen.

2 Adjektive im Genitiv

der Computer	Die Entwicklung **des/eines** neu**en** Computers braucht einige Jahre.
das Produkt	Bei der Entwicklung **des/eines** neu**en** Produkts braucht man kreative Techniken.
die Gehirnhälfte	Die Fähigkeiten **unserer/der** link**en** Gehirnhälfte werden gefördert.
Plural	Die Entwicklung **der** neu**en** Computer/Produkte braucht kreative Ideen.
	Die Entwicklung neu**er** Computer/Produkte ist sehr teuer.

1 **Das Stadthaushotel in Hamburg**

a **Verben mit Präpositionen. Markieren Sie die jeweils passende Präposition.**

1. sich wenden	an/für/zu
2. gehören	an/um/zu
3. verantwortlich sein	mit/für/zu
4. sich kümmern	mit/zu/um
5. zuständig sein	zu/um/für

b **Ergänzen Sie entweder *an, für, um, zu* + Artikel oder *daran, dafür, darum, dazu*.**

1. Welche Bereiche gehören .... Hotel?

2. Die Servicemitarbeiter kümmern sich .... , dass die Gäste sich wohlfühlen.

3. Der Direktor ist verantwortlich .... , dass der Hotelbetrieb gut läuft.

4. Er ist auch zuständig .... Personalführung.

5. Wenn Sie Probleme haben, wenden Sie sich bitte .... Rezeption.

c **Wichtige Ausdrücke – Was passt zusammen?**

1.	bearbeiten	..*1, 2*................	a) Beschwerden/Reservierungen
2.	entgegennehmen	....	b) den Internetauftritt/die Homepage
3.	entwickeln	....	c) die Rezeption/die zuständige Person
4.	erfüllen	....	d) ein Hotel/die Verwaltung/einen Bereich
5.	gestalten	....	e) eine Aufgabe/Wünsche
6.	leiten	....	f) Werbemaßnahmen
7.	pflegen	....	g) Werbematerialien
8.	planen/durchführen	....	h) spezielle Wünsche
9.	sich wenden an		

d **Wählen Sie fünf Ausdrücke aus 1c und schreiben Sie jeweils einen Satz.**

Wenn man Probleme hat, kann man sich an die Rezeption wenden, sie nimmt die Beschwerden entgegen.

e **Relativsätze wiederholen – Ergänzen Sie die Relativpronomen.**

1. Kollegen sind Menschen,
   a) .... in derselben Firma arbeiten.
   b) mit .... man zusammenarbeitet.
   c) .... man meistens relativ gut kennt.

2. Der Chef oder die Chefin ist eine Person,
   a) .... die Arbeit organisiert.
   b) .... man nicht zu viel widersprechen sollte.
   c) über .... man häufig mit Kollegen spricht.

3. Ein Freund oder eine Freundin ist ein Mensch,
   a) mit .... man gerne etwas unternimmt.
   b) für .... man gerne etwas tut.
   c) .... wichtig in unserem Leben ist.

2 ### Situationen im Hotel

CD 13 **a** Ordnen Sie a–e dem Dialog zu und hören Sie zur Kontrolle.

Rezeptionist	Gast
Guten Tag, kann ich Ihnen helfen? ..c.......... Die Sauna ist im 1. Untergeschoss. Sie ist allerdings heute wegen Renovierungsarbeiten geschlossen. .... Das tut mir leid, die Sauna muss leider die ganze Woche geschlossen bleiben. .... Das tut mir wirklich leid. Ich kann verstehen, dass Sie verärgert sind. Ich könnte Ihnen eine Sauna hier in der Nähe empfehlen. Nur fünf Minuten zu Fuß. .... Wir bedauern sehr, dass Sie eine falsche Information bekommen haben. Ich werde das sofort auf der Internetseite korrigieren lassen. .... Selbstverständlich. Wenn Sie sich bitte einen Moment gedulden. Ich sage Herrn Behrens Bescheid.	a) Das hilft mir jetzt auch nicht weiter. So geht es nicht, ich möchte mit dem Manager sprechen. b) Die ganze Woche? Wir haben hier einen dreitägigen Aufenthalt gebucht und laut Internet hat das Hotel eine Sauna. Deswegen haben wir ja dieses Hotel gewählt. Wir hätten uns sonst etwas anderes gesucht, denn so günstig liegt das Hotel ja nicht. c) Guten Tag, ja, können Sie mir sagen, wo die Sauna ist? d) Ich möchte nicht in irgendeine andere Sauna gehen, ich bin davon ausgegangen, dass das Hotel eine Sauna hat, wie auf der Internetseite angekündigt. Ich bezahle ja dafür. e) Und wann ist sie morgen geöffnet?

CD 14 **b** Hören Sie eine Seite des Dialogs und sprechen Sie die andere Rolle.

c Schreiben Sie einen Beschwerdebrief. Achten Sie auf die formelle Briefform.

eigene Adresse • Datum • Adresse des Hotels • Betreff • formelle Anrede • formeller Gruß

Sie haben am letzten Wochenende im Hotel „Waldblick" übernachtet. Das Hotel wirbt auf der Internetseite mit einem Schwimmbad und einem Restaurant. Als Sie dort waren, war das Schwimmbad wegen Reparaturarbeiten geschlossen und der Koch war krank.
– Sagen Sie, wann und wie lange Sie im Hotel waren.
– Beschweren Sie sich darüber, dass die Internetseite falsche Angaben macht.
– Sagen Sie, dass Sie einen Teil des Geldes zurückbekommen möchten.

3 ### Eine Radioreportage

Wörter aus der Wirtschaft – Lesen Sie den Text auf Seite 34 im Schülerbuch und suchen Sie passende Wörter zu den Definitionen.

| te • ex • tun • leis • che • gra • Bran • pan • gen • die • Dienst • tion • ren • In |

1	2	3	4 ....
die, mst Plural; e-e berufliche Tätigkeit, bei der man keine Waren produziert, sondern etwas für andere tut, z. B. als Arzt, Verkäufer, Hotelangestellter	*die, -, n;* alle Betriebe und Geschäfte, die mit der Herstellung von gleichen oder ähnlichen Produkten und Leistungen beschäftigt sind	etwas wächst schnell, etwas dehnt sich aus	Eingliedern, das Eingebundensein in eine Gemeinschaft

4 Dinge genauer beschreiben – Relativpronomen im Genitiv

a Ergänzen Sie die Relativpronomen.

Menschen im Hotel

1. Herr Beutelsbacher ist der Mann, ... Frau sich schon dreimal beschwert hat.

2. Frau Faber ist die Frau, ... Koffer nicht angekommen ist.

3. Herr und Frau Danner sind die Gäste, ... Kinder so laut durch den Frühstücksraum toben.

4. Herr Magnus ist der Mann, ... Frau im Rollstuhl sitzt.

5. Frau Schulte wohnt in dem Zimmer, ... Heizung gerade repariert wurde.

b Sätze verbinden – Schreiben Sie Relativsätze.

1. Herr Schmitt bekommt Zimmer 308. Seine Frau kommt erst am Wochenende.

2. Das Kind ist sehr schüchtern. Seine Mutter ist Schauspielerin.

3. Die Jugendlichen sind sehr höflich. Ihr Betreuer hat sich Sorgen gemacht.

4. Die ältere Dame frühstückt immer sehr lange. Ihr Hund ist so niedlich.

1. Herr Schmitt, dessen Frau …

5 Zusammenleben und -arbeiten von Behinderten und Nichtbehinderten

Lesen Sie und kreuzen Sie an. Was ist richtig?

Der Jakob-Muth-Preis für inklusive Schulen

Gemeinsam lernen – mit und ohne Behinderung!
Jakob Muth-Preis
für inklusive Schule

In Deutschland gehen behinderte Schüler/innen meistens in Förder- oder Sonderschulen. Es gibt sehr unterschiedliche Typen, z. B. Schulen für sehbehinderte, gehörlose, verhaltensgestörte oder auch lern- und
5 sprachbehinderte Schüler. Die Lehrer/innen an diesen Schulen haben eine spezielle Ausbildung für die Probleme ihrer Schüler und können sie besonders gut fördern. Das ist der Vorteil. Der Nachteil ist, dass die Kinder oft einen weiten Schulweg haben, evtl. in
10 Internaten leben und daher nicht in Kontakt mit nichtbehinderten Kindern sind. Darüber hinaus können sie häufig an diesen Schulen keinen Abschluss machen, der für einen Beruf qualifiziert. Mehr als 80 Prozent der behinderten Kinder in Deutschland gehen auf diese
15 Schulen. In anderen europäischen Ländern gibt es diese Schulform nicht oder nur für sehr wenige, sehr schwer behinderte Kinder. Die Kinder werden dort in die normalen Schulen integriert und die Lehrer haben die Ausbildung und die Erfahrung, um mit mit unterschied-
20 lichen Kindern gemeinsam zu arbeiten. Die Inklusion, also die Integration der behinderten Kinder in die normalen Schulen, ist ein zentrales Anliegen der UNESCO. Inklusion bedeutet, dass sich das Bildungs-system flexibel an
die Bedürfnisse aller Kinder anpasst und nicht   25
Kinder aussortiert. Dass Inklusion auch in Deutsch-land funktionieren kann, haben einzelne Schulen überzeugend bewiesen. Die Heinrich-Zille-Grund-schule in Berlin, die Waldschule in Flensburg und die Montessori-Schule in Borken haben dafür von der   30
Bertelsmann Stiftung 2010 den Jakob-Muth-Preis bekommen. „Die Preisträgerschulen beweisen, dass Leistung und Gerechtigkeit im Bildungssystem keine Gegensätze sind", betont Dr. Brigitte Mohn, Vorstands-mitglied der Bertelsmann Stiftung. „Inklusive Schulen   35
können herausragende Leistungen im kognitiven, künst-lerischen und sozialen Bereich hervorbringen. Daher müssen wir das Veränderungstempo in Deutschland deutlich erhöhen und beim gemeinsamen Lernen von behinderten und nichtbehinderten Kindern international   40
Anschluss finden." Nach einer repräsentativen Umfrage der Bertelsmann Stiftung gibt es in der deutschen Bevölkerung einen große Mehrheit für Inklusion: 67 Prozent sprechen sich für gemeinsames Lernen von behinderten und nichtbehinderten Kindern aus.   45

1. Was sind Förderschulen in Deutschland?
    - [a] Normale Schulen.
    - [b] Normale Schulen mit speziellen Förderklassen.
    - [c] Spezielle Schulen für behinderte Kinder.

2. Welche Nachteile haben die Förderschulen?
    - [a] Sie bereiten nicht auf einen Beruf vor.
    - [b] Die Lehrer sind nicht speziell ausgebildet.
    - [c] Es gibt nicht genug Schulen für behinderte Schüler.

3. Was fordert Frau Mohn?
    - [a] Mehr Leistung in Förderschulen.
    - [b] Mehr inklusive Schulen.
    - [c] Künstlerischen Unterricht in Förderschulen.

Überblick

Über berufliche Tätigkeiten im Hotel sprechen

Bei Problemen kann man sich an die Rezeption wenden.
In guten Hotels werden auch spezielle Wünsche entgegengenommen.
Die Rezeptionistin nimmt auch Beschwerden entgegen.
Die Gäste werden eingecheckt und ausgecheckt.
Das Servicepersonal muss sehr kommunikationsfreudig und dienstleistungsbereit sein.

Sich beschweren und Beschwerden entgegennehmen

Ich möchte mich darüber beschweren, dass …
In Ihrem Prospekt schreiben Sie, dass …, aber …
Wir sind davon ausgegangen, dass …
Wir sind sehr enttäuscht von …
Wir möchten mit dem Manager sprechen.

Das tut mir leid. Ich kann Ihren Ärger verstehen.
Ich kann mir gut vorstellen, dass Sie verärgert sind.
Ich werde mich sofort darum kümmern, dass …
Wir bedauern den Fehler, den wir gemacht haben.
Wir können Ihnen anbieten, dass …

Eine Radioreportage über ein integratives Hotel verstehen

In der Hotelbranche trifft man kaum auf Mitarbeiter mit Handicap.
Das Hotel ist auf die Bedürfnisse der Gäste eingestellt und rollstuhlgerecht eingerichtet.
Die Betreiber des Hotels wollen expandieren.
Für das Projekt werden noch Sponsoren gesucht.
Die Qualität einer starken solidarischen Gemeinschaft ist für jeden toll.

Nützliche Ausdrücke

über einen Internetanschluss verfügen
einen Internetauftritt gestalten
eine Homepage pflegen
etwas ist alles andere als selbstverständlich
eine Aufgabe sorgfältig erfüllen
etwas entgegennehmen
etwas kommt gut an
etwas ansprechend aufbauen/gestalten

Grammatik kurz und bündig

Relativpronomen				
	Nominativ	**Akkusativ**	**Dativ**	**Genitiv**
maskulin	der	den	dem	**dessen**
neutral	das	das	dem	**dessen**
feminin	die	die	der	**deren**
Plural	die	die	denen	**deren**

Der junge Mann, **dessen** Bewerbung so überzeugend war, ist heute eingestellt worden.
Das Hotel ist in einem Gebäude untergebracht, **dessen** Fassade ganz modern renoviert wurde.
Die Rezeptionistin, **deren** Aufgabe es ist, die Gäste zu begrüßen, ist heute leider krank.
Die Servicemitarbeiter, **deren** Gehalt sehr niedrig ist, wechseln häufig.

Training 2

WORTSCHATZ TRAINIEREN

1   **Wortbildung**

a   **Verben mit und ohne Vorsilbe *be-*: Welche Form passt in welchen Satz?**

(be)arbeiten • (be)bauen • (be)drucken • (be)drohen • (be)grüßen • (be)kämpfen • (be)lächeln • (be)merken • (be)werben • (be)zweifeln

1. Du musst den Text noch einmal .... Er ist noch zu unklar.

2. Unser Mathelehrer hat ...., dass er sich über uns beim Direktor beschwert.

3. Wir müssen für unser Projekt mehr ...., damit sich die Leute dafür interessieren.

4. Linda ist sich sicher, dass sie 90 Punkte in der Prüfung hat, aber Friederike .... daran.

5. Meine Damen und Herren, ich darf Sie herzlich zu unserem Schulfest ....

6. Hast du ...., dass Carlo eine neue Frisur hat?

7. Das Grundstück neben unserem Haus wird jetzt auch ....

8. Heute kann man fast alles farbig ....: Papier, Plastik und sogar Metall.

9. Greenpeace .... seit 1971 für den Umweltschutz.

10. Vor vierzig Jahren haben viele Leute die Umweltschützer ...., aber heute werden sie ernst genommen.

b   **Verben mit und ohne *ver-*: Welche Form passt in welchen Satz?**

(ver)schreiben • (ver)sprechen • (ver)fahren • (ver)hören • (ver)kaufen • (ver)zweifeln • (ver)gießen

1. Ich wollte nicht „fort" sondern „dort" sagen. Ich habe mich ....

2. Ach so, du bist dort im Park. Ich dachte, ich hätte mich ....

3. .... du mir ein neues Fahrrad? – Nein, ich habe kein Geld.

4. Tut mir leid, dass ich zu spät bin. Ich habe mich in der Stadt ....

5. Ich .... daran, dass ich die Führerscheinprüfung schaffe. Autofahren ist nicht meine Stärke.

6. Die Prüfung ist nicht einfach, aber du darfst nicht ...., du wirst es schaffen.

7. Kannst du bitte meine Blumen ...., wenn ich weg bin? – Ja, aber nur wenn du keine Tränen ...., wenn dann die eine oder andere tot ist.

8. Und noch etwas: .... mir eine Postkarte. Ich liebe Postkarten.

2   **Nomen**

a   **Finden Sie die Wörter in diesen Komposita.**

Studienanfänger • Studentenwohnheim •   *das Studium, die Studien – der Anfänger* ....
Untermiete • Mietkosten •   ....
Universitätsstadt • Semesterbeginn •   ....
Generationenfrage • Privatleben •   ....
Werbeagentur • Teufelskreis •   ....
Gedankenblitz • Produktentwicklung •   ....
Unterbewusstsein • Selbstvertrauen •   ....
Gehirnhälfte • Werbemaßnahme •   ....
Servicepersonal • Frühstücksdienst •   ....
Buchhaltung • Notrufanlage •   ....
Barrierefreiheit • Blindenschrift   ....

b Welche Wörter aus 2a passen in diese Sätze?

1.

a) Die .... im Wohnheim ist billig. Nur 300 Euro.

b) Ich wohne im ersten Stock. Mein Freund Pjotr wohnt .... mir im Erdgeschoss.

c) Ich wohne zur .... bei meiner Tante und Pjotr hat eine eigene Wohnung.

2.

a) In unser Haus hat der .... ein-geschlagen. Alle elektronischen Geräte sind kaputt.

b) Jetzt müssen wir uns .... machen, wie wir das Haus besser schützen.

c) Wir denken alle nach, aber bisher hatte keiner einen ....

3.

a) Als Chef ist er unangenehm, aber .... ist er total nett.

b) Mein .... ist zurzeit furchtbar, weil ich so viel arbeiten muss.

c) Das .... besteht nicht nur aus Arbeit. Es soll auch Spaß machen.

3 Adjektive und Nomen

a Welches Adjektiv passt nicht zu dem Nomen?

1. das Studium	interessant – teuer – lang – schwierig – körperlich
2. die Miete	teuer – günstig – hoch – vernünftig – preislich
3. die Nachricht	absolut – gut – interessant – peinlich – aktuell
4. die Kritik	freundlich – scharf – tief – unfair – detailliert
5. die Kreativität	lang – sprühend – spontan – bewundernswert – außergewöhnlich
6. die Werbung	witzig – betrunken – originell – langweilig – billig
7. die Ernährung	schlecht – abwechslungsreich – langweilig – gesund – krank
8. die Lebenseinstellung	kurz – positiv – optimistisch – offen – gesund

b Weiterüben – Welche anderen Adjektive können zu den Nomen in 3a passen? Vergleichen Sie im Unterricht.

4 Die kleinen Wörter

a Wo passt was: *sehr, viel, groß*? Ergänzen Sie die Wörter in der richtigen Form.

Begrüßung zu einem Fest

Ich freue mich .... 1 , dass Sie alle heute gekommen sind. Wir haben .... 2 alte Freunde eingeladen und die meisten sind gekommen. Wir haben uns bei der Vorbereitung dieses Festes .... 3 Mühe gegeben. Wir hoffen .... 4 , dass Ihnen das Programm gefällt. Sie würden uns eine .... 5 Freude machen, wenn Sie sich gut unterhalten. Entspannen Sie sich, genießen Sie die Musik und tanzen Sie .... 6 !

b Wo passt was: *einzig, einzeln, einige*? Ergänzen Sie die Wörter in der richtigen Form.

1. Eigentlich bin ich total glücklich. Das .... , was mir fehlt, ist eine schönere Wohnung.

2. Wir haben in letzter Zeit .... Wohnungen besichtigt, aber sie haben uns nicht gefallen.

3. Kommt bitte herein. Aber jeder .... und nicht alle auf einmal.

4. Wir haben schon .... Ideen für unser Projekt gesammelt.

5. Wir werden jetzt jede Idee .... genau prüfen.

6. Am Ende müssen wir uns für eine .... Idee entscheiden und die dann gut umsetzen.

5 Wörter leichter lernen

Wiederholen Sie Wortschatz, indem Sie am Ende einer Einheit das Thema der Einheit auf ein großes Blatt schreiben und möglichst viele Wörter, die Ihnen dazu einfallen, notieren.

kreativ sein — Kreativität — das Brainstorming — Idee — die Werbung

Training 2

STRUKTUREN TRAINIEREN

6 **Wörter und Texte**

Eine ausländische Freundin bittet Sie darum, einen Brief zu korrigieren, da Sie besser Deutsch können.

– Fehler im Wort: Schreiben Sie die richtige Form an den Rand. (Beispiel 01)
– Fehler in der Satzstellung: Schreiben Sie das falsch platzierte Wort an den Rand, zusammen mit dem Wort, mit dem es vorkommen soll. (Beispiel 02)

Bitte beachten Sie: Es gibt immer nur einen Fehler pro Zeile.

Sehr geehrt Damen und Herren,

ich mitarbeite in einer Behinderteninitiative in Toulouse.

Wir eine Gruppe von 25 Männern und Frauen sind, die sich um

behinderten Jugendliche kümmert und versucht, ihnen eine

Berufsausbildung zu ermöglichen.

Wir haben gelesen über das Stadthaushotel in der Zeitung und würden uns

gerne näher über den Projekt informieren, weil wir in unserer Heimat

gerne ein ähnliches Projekt würden organisieren.

Am 27. Juni ich werde mit drei Freunden nach Hamburg kommen.

Deshalb möchten ich Sie fragen, wenn sie vielleicht ein wenig Zeit

hätten, um uns vor Ort genauere Informationen für die Struktur und die

Geschichte des Projekt zu geben.

Mit freundliche Grüßen

Françoise Predhumeau

01.	*geehrte*
02.	*Toulouse mit*
1.	
2.	
3.	
4.	
5.	
6.	
7.	
8.	
9.	
10.	

7 **Pronomen**

a **Schreiben Sie Sätze. Achten Sie auf die Reflexivpronomen.**

1. Wie – sich auswirken – Ruhe und Entspannung – auf die Kreativität – ?
2. Man – müssen – sich einlassen – auf eine Aufgabe – , – um – Erfolg – zu – haben – .
3. Für die Gestaltung des Kursraums – müssen – wir – sich aneignen – einige praktische Kenntnisse – .
4. sich nicht sicher sein – Ich – realisierbar – deine Idee – ob – sein – .
5. Wir – auf die Aufgabe – sich konzentrieren – müssen – .

b **Ergänzen Sie die Pronomen.**

1. Herr Bitterkorn, ich möchte .... ganz herzlich bei .... bedanken.
2. Kann ich .... helfen? Sprechen Sie Deutsch oder soll ich für .... übersetzen?
3. Könnten Sie bitte für .... ein Taxi bestellen? Wir müssen gleich zum Flughafen.
4. Können Sie .... erklären, wie ich zum Bahnhof komme? Ich kenne .... hier nicht aus.
5. Wenn Sie ein Problem haben, können Sie .... an mich wenden. Ich helfe .... gern weiter.
6. Wir möchten .... beschweren. Der Aufzug funktioniert schon seit drei Tagen nicht.
7. Lassen Sie Ihr Gepäck ruhig stehen. Ich kümmere .... darum.

8

Präpositionen

a Ein unordentlicher Hotelgast – Beschreiben Sie das Zimmer.

b Der Zimmerservice räumt auf. Wohin stellt/legt/hängt sie die Dinge?

c Ergänzen Sie die passende Präposition und, wenn nötig, den Artikel.

1. an • auf • zu • über • in • neben • zwischen • zu

▶ Entschuldigung, können Sie mir sagen, wie ich .... Hostel komme?

▷ Gehen Sie hier geradeaus, ... der nächsten Ampel links, dann kommen Sie .... einem

großen Platz. Gehen Sie .... den Platz, dann sehen Sie eine kleine Kirche. Links .... der

Kirche ist die Wirtsgasse. Gehen Sie ungefähr 100 Meter .... die Wirtsgasse hinein, dann sehen Sie

.... der rechten Seite einen Supermarkt und eine Apotheke. Der Eingang des Hostels liegt

.... den beiden Gebäuden. Er ist ein bisschen schlecht zu sehen.

▶ Besten Dank.

2. außerhalb • an • vor • in • aus • in

Er arbeitet viel .... Computer, er surft .... Internet und lädt Musik .... dem

Internet herunter. Den ganzen Tag sitzt er .... dem Bildschirm. Er hält sich dauernd ....

sozialen Netzwerken auf. .... des Internets hat er kaum noch Kontakt zu anderen Menschen.

3. auf • in • nach • bei • zu

▶ Fahren wir morgen .... Bielefeld .... Max?

▷ Ja, gerne. Aber wo können wir übernachten? .... einem Hotel ist es mir zu teuer. Vielleicht können wir das

Zelt mitnehmen und .... einen Campingplatz gehen?

▶ Ich glaube, das ist nicht nötig. Max hat eine große Wohnung, wir können bestimmt .... ihm übernachten.

9

Voraussagen mit *werden*

Lisa kommt aus Maasholm, einem Dorf in Norddeutschland. Sie wird bald in Berlin studieren. Sie ist nervös. Beruhigen Sie sie mit ermutigenden Voraussagen.

Vielleicht finde ich kein Zimmer.

Vielleicht kann ich mich in Berlin nicht orientieren.

Vielleicht finde ich keine Freunde.

Vielleicht ist das Essen in der Mensa schrecklich.

Vielleicht verstehe ich in der Vorlesung nichts.

Vielleicht sind alle anderen schlauer als ich.

Du wirst bestimmt schnell ein Zimmer finden.

1 **Zwei Arten von Glück**

a **Ergänzen Sie den Text mit den Wörtern und Ausdrücken in der passenden Form.**

wie auf Wolken • selbstvergessen • stolz • aufgeregt • begeistert • sich freuen • glücklich

Vor dem Geburtstag meiner ersten großen Liebe war ich total

.... Er .... sehr auf die Party

und natürlich wollte ich ihm das beste aller Geschenke mitbringen. Ich wollte ihn

unbedingt .... machen. Nach langem Überlegen kam ich

auf die Idee, etwas selbst zu machen. Persönliche Geschenke sind die tollsten! Also

habe ich ihm einen Bilderrahmen gebastelt. Mehr als zwei Stunden habe ich

.... daran gearbeitet. Auf das Ergebnis war ich sehr

.... Der Rahmen sah echt super aus und natürlich

hoffte ich, dass mein Freund MEIN Bild hineinkleben würde!

Nachdem er auf der Party das Geschenk von mir ausgepackt hatte, war er wirklich

.... ! Ich konnte es deutlich merken! Und dann fragte er,

ob ich ihm nicht noch ein Foto von mir dazuschenken könnte. Ich fühlte mich

....

b **Welche Gefühle sind positiv (+), welche negativ (–), welche neutral (0)?**

1. [–] wütend
2. [ ] ärgerlich
3. [ ] sich freuen auf/über
4. [ ] sehnsüchtig
5. [ ] beneiden
6. [ ] eifersüchtig auf
7. [ ] verliebt in
8. [ ] aufgeregt
9. [ ] jmd. bemitleiden
10. [ ] besorgt über
11. [ ] enttäuscht von
12. [ ] hassen
13. [ ] traurig
14. [ ] zufrieden mit
15. [ ] verlegen
16. [ ] stolz auf

c **Ergänzen Sie die fehlenden Wörter in der Tabelle.**

Nomen	Verben	Adjektive
die Wut	X	wütend
	(sich)	ärgerlich
	sich freuen auf/über	
	beneiden	
	X	eifersüchtig
	sich	verliebt
die Aufregung	sich	
	bemitleiden	
		enttäuscht
der Hass		X
		sehnsüchtig
die Trauer		
	X	zufrieden
	X	verlegen
	X	stolz

2 Zitate

CD 15–17   Hören Sie drei Texte über „Glück" – Welches Zitat im Schülerbuch (S. 43) passt? Notieren Sie die Namen.

_____   _____   _____   _____

Text	1	2	3
Zitat			

3 Was würde Sie glücklich machen?

a   Wiederholung Konjunktiv II: Ergänzen Sie die Verben.

Realität (Indikativ)	Fantasie (Konjunktiv II) Ich stelle mir vor, …
Ich habe kein Geld.	ich .... viel Geld.
Ich bin nicht reich.	ich .... reich.
Ich muss arbeiten.	ich .... nicht arbeiten.
Ich kann nicht nach Hawaii fliegen.	ich .... nach Hawaii fliegen.
Ich darf nicht lange schlafen.	ich .... immer lange schlafen.
Ich kaufe keinen Mercedes.	ich .... einen Mercedes ....
Ich mache keine Weltreise.	ich .... eine Weltreise ....
Ich gehe nicht jeden Abend aus.	ich .... jeden Abend ....
Ich tanze nicht auf dem Tisch.	ich .... auf dem Tisch ....

b   Glücksfantasie – Ergänzen Sie im Konjunktiv II.

Wenn ich immer Glück ..*hätte*.. und im Lotto .... ,
.... ich mir alles kaufen. Ich .... nie arbeiten
und .... um die Welt ....
Ich .... 24 Stunden am Tag glücklich, weil ich
viele Freunde .... Aber vielleicht .... das alles
auch zu viel für mich und ich .... gestresst.

~~haben~~   gewinnen   haben   können   müssen   reisen   sein   sein   sein

c   Was würden Sie machen, wenn …? Ergänzen Sie die Sätze.

1. Ich habe nicht viel Zeit, aber wenn ich Zeit hätte, ...
2. Ich bin nicht berühmt, aber wenn ich ....
3. Ich muss lernen, aber wenn ich ....
4. Ich kann nicht alles kaufen, aber wenn ich ....
5. Ich mache jetzt keine Reise, aber wenn ich ....

4 **Glück in der Statistik – Vermutungen mit *werden* + *wohl/wahrscheinlich/vielleicht***

a **Schreiben Sie Vermutungen wie im Beispiel.**

1. Ich denke, die Deutschen mögen Kinder.
2. Ich vermute, Erfolg ist ihnen wichtig.
3. Ich glaube, alle wollen eine gute Partnerschaft.
4. Ich vermute, der Glaube ist nicht so wichtig.

5. Ich vermute, sie haben den Zug verpasst.
6. Ich glaube, wir müssen anfangen.
7. Ich denke, sie hat ihn nicht angerufen.
8. Ich glaube, ihr könnt die Prüfung schaffen.

> *Die Deutschen werden wohl Kinder mögen.*

b **Was vermuten Sie? Antworten Sie wie im Beispiel.**

1. Glauben Sie, es regnet später?
2. Denken Sie, die nächste Prüfung wird leicht?
3. Nehmen Sie an, Sie haben den letzten Test gut geschrieben?
4. Vermuten Sie, dass Sie im letzten Jahr zu wenig gearbeitet haben?
5. Denken Sie, dass Sie bald ein Studium anfangen?
6. Glauben Sie, Sie haben heute noch Glück?
7. Glauben Sie, Sie haben genug für Ihr Glück getan?
8. Meinen Sie, dass Sie später mal reich sind?

> *1. Ja, es wird wohl regnen.*
> *2. Nein, sie wird wohl …*

c **Steht in 1–10 eine Vermutung (A) oder ein Versprechen / eine Prophezeiung/Voraussage (B)? Notieren Sie.**

1. [*B*] Ich werde dich immer lieben!
2. [   ] Sie wird krank sein.
3. [   ] Sie wird es vergessen haben.
4. [   ] Natürlich werde ich dem Lehrer nichts sagen!
5. [   ] Du wirst es nicht gehört haben.

6. [   ] Sie wird wohl kein Geld haben.
7. [   ] Die Temperaturen werden morgen fallen.
8. [   ] Die Kette wird teuer sein.
9. [   ] Er wird sie nicht gesehen haben.
10. [   ] Wir werden euch helfen.

5 **Glücksgeschichten**

CD 18 **Hören Sie zu und erzählen Sie die Glücksgeschichte schriftlich. Benutzen Sie das Präteritum. Verbinden Sie Ihre Sätze mit: *als, nachdem, weil, wenn …***

Zeit haben: auf den Flohmarkt gehen • alte Bücher sammeln • oft nichts Besonderes finden • Mann schimpfen: kleine Wohnung voller alter Bücher • großes Glück haben • altes Buch gut gefallen • nur zwei Euro ausgeben • zu Hause lesen wollen • zwei Zeichnungen herausfallen • mit „Rembrandt" signiert sein • zum Kunstexperten gehen • keine Zweifel haben • Wert auf 45 000 Euro schätzen • Zeichnungen an Museum verkaufen • sich eine große Wohnung leisten können

> *Eine Frau ging, immer wenn sie Zeit hatte, auf Flohmärkte, weil …*

Überblick

Über Glück sprechen

Glücklicherweise ist mir nichts passiert.
Diese Kette ist mein Glücksbringer.
Ich war so glücklich, dass ich wie auf Wolken gegangen bin.
Zum Glück habe ich den Job bekommen.
Geld hilft zum Glücklichsein.
Später weiß ich genauer, was ich zum Glück brauche.
Was sorgt für Glück und Zufriedenheit?

Vermutungen ausdrücken

Die meisten Befragten werden wohl „Familie" als Grund für Glück genannt haben.
Für viele Leute wird wahrscheinlich/vermutlich Geld sehr wichtig sein.
Wofür werden sich wohl die Menschen in Ihrer Heimat entscheiden?
Die meisten werden vielleicht sagen, dass Partnerschaft am wichtigsten ist.

Nützliche Ausdrücke

wie auf Wolken gehen
selbstvergessen etwas tun
die Kontrolle über etwas verlieren
von der Straße abkommen
Pech! – Ich habe Pech gehabt.
außer einem großen Schock

große Angst haben
wie durch ein Wunder
teuer ausgestattet sein
ein einfaches Leben führen
Ich möchte nicht auffallen.
etwas zahlt sich aus

Grammatik kurz und bündig

Vermutungen ausdrücken: *werden*

Gegenwart:

Sie **wird** wohl Angst **haben**.

Vergangenheit:

Er **wird** wohl Angst **gehabt haben**.

Sie **wird** wahrscheinlich schon **gegangen sein**.

Vermutungen werden sehr oft mit Wörtern wie *wohl*, *wahrscheinlich*, *vielleicht* verdeutlicht.

1 **Die Schweiz – was ist das? – Grundwortschatz Schweizerdeutsch**

CD 19   Lesen und hören Sie den Grundwortschatz Schweizerdeutsch und ordnen sie die standarddeutschen Wörter zu.

1. Donnerstag	2. wütend/schlecht gelaunt	3. erkälten	4. hässlich	5. Frühstück
6. Entschuldigung!	7. Spülmittel	8. dunkel/finster	9. Küche	10. Großmutter
11. eindrücklich/beeindruckend	12. hart arbeiten	13. schauen/sehen	14. Abitur	15. Abendessen
16. parken	17. schnell/scharf	18. arbeiten	19. Straßenbahn	20. Auf Wiedersehn

[2] hässig   [ ] Abwäschmittel

[ ] fiischter   [ ] Chuchi

[ ] iidrücklich   [ ] Dunnschtig

[ ] chrampfe   [ ] Exgüsi!

[ ] luege   [ ] Grosi

[ ] parkiere   [ ] Matura

[ ] rassig   [ ] Nachtessen

[ ] schaffe   [ ] Tram

[ ] verchälte   [ ] Uf Widerluege!

[ ] wüescht   [ ] Zmorge

BISCHT HÄSSIG? NEIN, ICH BIN NICHT SCHLECHT GELAUNT.

2 **Aussagen zur Schweiz**

Schreiben Sie die Sätze.

1. Landschaften – Schweiz – viele – schöne und unterschiedliche – in der – gibt es – .

2. in der – Jahrhunderten – Schweiz – Kulturen – friedlich – ganz verschiedene – leben – zusammen – seit – .

3. funktioniert – und Regionalität – aus Globalisierung – die Mischung – .

4. das Besondere – Schweiz – der Demokratie – ihre Form – an der – ist – .

5. die Bürger – die Schweizer – in der Politik – anderer Länder – viel konkreter als – können – mitbestimmen – .

6. mit angeschlossenem Freizeitbereich – die Schweiz – eine große Bank – manche – halten – für – .

1. In der Schweiz gibt es viele schöne und unterschiedliche Landschaften.

3 **Wahrzeichen der Schweiz: der neue Gotthard Basistunnel**

a   Lesen Sie den Text auf Seite 41. Entscheiden Sie, welche der Antworten (a, b oder c) passt. Es gibt jeweils nur eine richtige Lösung.

1. Der Gotthard-Basistunnel …
   a ist seit 2010 fertig.
→ b wird 2017 fertig sein.
   c wird 57 Jahre lang gebaut.

2. Der Tunnel verbindet
   a Europa und Asien.
→ b Nord- und Südeuropa.
   c Deutschland und die Schweiz.

3. Die Schweizer haben
→ a für den Tunnel abgestimmt.
   b große Zweifel gehabt.
   c nie einen Tunnel gewollt.

4. Der Bundesrat sagt, der Tunnel zeigt, dass die …
   a Schweiz zu Europa gehört.
→ b Demokratie funktioniert.
   c Umwelt intakt ist.

5. Die Europäische Union ist …
   a unzufrieden wegen der Kosten.
   b nicht am Tunnel interessiert.
→ c der Schweiz dankbar.

Durchschlag!

Alles geht ganz schnell: Die letzte Wand bricht ein, die Tunnel-
baumaschine bricht durch. Die Freude im Tunnel ist groß.

Der Gotthard-Basistunnel wird nach seiner Fertigstellung mit
57 Kilometern Länge der längste Eisenbahntunnel der Welt sein. Er
5 soll die Schweiz vom internationalen Lastwagenverkehr entlasten
und die Verbindung zwischen Nord- und Südeuropa verbessern. Ab
2017 sollen Personen- und Güterzüge mit bis zu 250 Stunden-
kilometern durch den Tunnel rasen und jährlich bis zu 40 Millionen
Tonnen Güter von Norden nach Süden transportieren und umgekehrt.

10 Unmittelbar vor dem großen Moment sprach Bundesrat Moritz
Leuenberger zu den Gästen: „Gestern wollten wir den Berg ver-
setzen. Heute durchbohren wir ihn und schaffen den längsten Tunnel
der Welt, zum Zeitpunkt, wie wir ihn planten, zu den Kosten, wie wir
sie rechneten", und betonte weiter, dass kein privates Unternehmen
15 dieses Risiko auf sich genommen hätte, aber die politische Gemeinschaft hat es getan. Die Schweizer Stimmbürgerinnen und Stimmbür-
ger hatten den Mut, für diesen Tunnel abzustimmen. „Der heutige
Tag beweist, wie nachhaltig, wie konsequent, wie effizient unsere
direkte Demokratie ist." Wenn alle Betroffenen beteiligt, Kompro-
20 misse gesucht und gefunden werden, sich auch Minderheiten in den
Beschlüssen wiedererkennen, dann „kann die Demokratie Berge ver-
setzen". Bundesrat Leuenberger dankte auch für den Beitrag der Kri-
tiker, ohne die die Kosten nicht so genau berechnet und beaufsichtigt
worden wären.

25 Unterhalb der Schweizer Alpengipfel entsteht eines der größten
Umweltprojekte Europas. „Zweitausenddreihundert Meter über uns

scheidet sich das Wasser, es fließt entweder über den Po in das Mittelmeer oder über den Rhein in die Nordsee. Doch hier
unten, inmitten von Tausenden Tonnen Gestein, öffnet sich in wenigen Minuten ein Tunnel der die beiden Meere direkt
miteinander verbindet." Nach dem Durchbruch meinte Leuenberger, dass es an der Zeit ist, über jene zu reden, die diesen

Tunnel geschaffen haben, die Arbeiter, Ingenieure und vielen anderen 30
Beteiligten. Sie alle haben eine technische Meisterleistung vollbracht
und ein Monument für die Ewigkeit geschaffen.

Lob kam auch von der Europäischen Union. In Europa „können wir
froh sein, dass solche großen Projekte in Angriff genommen und auch
durchgeführt werden", sagte der deutsche Staatssekretär Scheuerle und 35
EU-Verkehrskommissar Kallas betonte die „hohe Anerkennung der EU
gegenüber der Schweiz, die einen solchen Tunnel realisiert".

---

b Ergänzen Sie die Sätze.

~~diesseits~~ • jenseits • entlang • entlang • um … herumgelaufen • gegenüber • darunter • darüber • von dort aus

1. Der Gotthard Basistunnel beginnt ....*diesseits*.......................... der Alpen im Kanton Uri und kommt

   .... der Alpen im Kanton Tessin heraus.

2. Die Eisenbahn fährt bei dem Ort Erstfeld in den Tunnel und .... 57 Kilometer lang unter den Alpen

   hindurch nach Bodio im Tessin.

3. Man kann von Passau in Niederbayern .... der Donau auf Radwegen bis nach Wien fahren.

4. Ich bin dreimal .... das Haus .... , aber ich habe den Eingang nicht gefunden.

5. Wir wohnen auf der rechten Straßenseite und meine Großeltern genau .... auf der linken Seite.

6. Wir wohnen im zweiten Stock, mein Onkel Erich wohnt .... im ersten und meine Cousine Hedi

   .... im dritten Stock.

7. Von unserem Haus zum See sind es .... der Straße vier Kilometer, aber wenn Sie durch den Wald

   gehen, sind es nur zwei.

4 ### Viel Betrieb am Matterhorn

Präpositionen wiederholen – Markieren Sie in 1–10 die passende Präposition.

Die Schweiz ist ein Urlaubsland.

1. Man kann in/an/unter die Berge fahren und wandern gehen.

2. Außerhalb/Innerhalb/Hinter der großen Städte wirkt die Schweiz sehr ländlich.

3. In/Bei/Auf viele Berge der Schweiz kann man mit Bergbahnen fahren.

4. An Fastnacht fahren viele Menschen nach/zu/gegen Basel.

5. Wenn man durch/unter/aus den Gotthardtunnel gefahren ist, kommt man
ins Tessin.

6. Für viele Hobbybergsteiger ist die Tour auf/am/nach das Matterhorn ein gefährliches Abenteuer.

7. In der Schweiz gibt es viele Tunnel über/an/durch die Alpen.

8. Bei/An/Von schönen Tagen kann man von den Bergen bis weit nach Italien schauen.

9. Im/Um/Gegen Winter kommen Tausende Touristen zum Skifahren.

10. Trotz/Wegen des Tourismus ist die Schweiz nach wie vor ein schönes Land.

5 ### Der Röschtigraben – die Schweiz in Zahlen

Schreiben Sie anhand dieser Zahlen einen Informationstext über die Schweiz. Vergleichen Sie im Unterricht.

Staatsform	republikanischer Bundesstaat mit 26 Kantonen
Staatsoberhaupt	keines, der Bundesrat bildet das kollektive Staatsoberhaupt
Hauptstadt	keine, Bern ist der Sitz der Regierung
Amtssprachen	Deutsch (63,7 %), Französisch (20,4 %), Italienisch (6,5 %), Rätoromanisch (0,5 %)
Fläche	41 285 km²
Einwohnerzahl	7,78 Mio., davon 22 % Ausländer (Stand: 2009)
Bruttoinlandsprodukt	67 560 US-Dollar (pro Einwohner)
Währung	1 Schweizer Franken = 100 Rappen
Gründung	nach der Legende am 1. August 1291 (Rütlischwur); am 12. 09. 1848 als moderner Bundesstaat
Unabhängigkeit	1499 im Frieden zu Basel bzw. 1648 im Westfälischen Frieden

Das Telldenkmal in Altdorf.

Die Schweiz ist ein republikanischer Bundesstaat, der ... Es gibt weder ein ... noch eine .... In der Schweiz werden .... Die Schweiz ist mit 41285 ... In dem Alpenland leben ..., davon sind ...

6 ### Eine Geschichte

Ergänzen Sie die Sätze mit Wörtern aus der Geschichte im Schülerbuch.

1. Die Schweizer lieben Bergbahnen und Skifahren, aber was ihnen früher f... , waren Berge.

2. Im Winter sind die Berge v... und man kann Ski oder S... fahren.

3. Die Holländer wollten keine Berge, das Wandern war ihnen zu m... .

4. Sie wollten auch nicht auf Berge s... .

5. Sie wollten auch keine .... mit ihren Talstationen und ....

6. Aber sie liebten Blumen und ganz besonders T... .

7. Die Holländer und die Schweizer b... , ihre Landschaften zu tauschen.

8. Sie glaubten fest an ihr Projekt und, wie das S... schon sagt: Der G... versetzt B... . Deshalb stehen die Alpen heute in der Schweiz.

Überblick

Über Eindrücke von der Schweiz sprechen

Wenn ich an die Schweiz denke, dann fällt mir zuerst die wunderbare Landschaft ein.
Außerhalb unserer Grenzen finde ich wenig, was mich interessiert.
Jenseits der Alpen liegt das Tessin.
Vielleicht ist für mich am wichtigsten, dass die Schweiz so multikulturell ist.
Das ist für mich ein Wunder.
Das System der Volksabstimmungen ist einmalig.
Wir können viel konkreter in der Politik mitbestimmen als woanders.
Es geht oft ums Geld in der Schweiz.
Die Eisenbahn ist etwas ganz Besonderes.
Wenn Sie ein bisschen Glück haben, dann ist das eine unvergessliche Bahnreise.

Über Mehrsprachigkeit sprechen/schreiben

Die Schweiz ist offiziell viersprachig, aber …
Wenn man in der Deutschschweiz lebt und nur Hochdeutsch kann, dann hat man ein Problem.
Die Vielfalt der Sprachen ist einerseits ein Vorteil, aber andererseits …
Obwohl die meisten Schweizer Hochdeutsch verstehen, sprechen sie es privat nur selten.

Nützliche Ausdrücke

diesseits/jenseits der Grenze liegen
unterhalb/oberhalb des Dorfes liegen
auf den Gipfel steigen
Das trifft sich gut.
nicht wissen, wohin damit
eine wunderbare Aussicht haben
etwas ist zu mühsam

Grammatik kurz und bündig

Präpositionen

diesseits/jenseits + Genitiv	Das Matterhorn liegt **diesseits** und **jenseits der** Grenze.
oberhalb/unterhalb + Genitiv	Die Hütte liegt **oberhalb des** Dorfes und 200 Meter **unterhalb des** Gipfels.
gegenüber + Genitiv	Das Hotel ist **gegenüber des** Bahnhofs.

Diese Wörter werden auch adverbial gebraucht.
Das Hotel liegt auf der rechten Seite und **gegenüber** ist der Bahnhof.
Der Ort liegt 1500 Meter hoch und 200 Meter **oberhalb** liegt die Hütte.

entlang + Akkusativ	Gehen Sie **den** Weg **entlang**.
an (+ D) + entlang	Gehen Sie **an der** Straße **entlang**.
entlang + Genitiv	**Entlang der** Straße stehen viele alte Bäume.
um (+ A) … herum	Er ist einmal **um den** Bodensee **herum** gefahren.
von (+ D) … aus + Dativ	**Von der** Hütte **aus** sind es noch zwei Stunden bis zum Gipfel.

1 Deutsche Erfindungen und Entdeckungen

Schreiben Sie Sätze im Konjunktiv II. Vergleichen Sie im Unterricht.

Ohne Airbag …
Ohne die MP3-Technik …
Ohne die Entdeckung der Atomspaltung …
Ohne die Entdeckung der Röntgenstrahlen …

Wenn es keine Schraubstollen gäbe, …
Wenn es keine Kaffeefilter gäbe, …
Wenn es keine Chipkarten gäbe, …
Wenn es keine Smartphones gäbe, …

> *Ohne Airbag würden mehr Personen bei Unfällen schwer verletzt oder sogar sterben.*

2 Wortschatzarbeit

a Welches Verb passt wo?

forschen/erforschen • finden/erfinden • kennen/erkennen • lernen/erlernen

1. Forscher und Techniker haben schon viele nützliche Hilfsmittel .... Aber auf viele Fragen hat die Menschheit noch keine Antwort ....

2. Die deutsche Nobelpreisträgerin Nüsslein-Vollhard .... auf dem Gebiet der Medizin. Sie hat unter anderem die genetische Steuerung der Embryonalentwicklung ....

3. Um eine Sprache gut zu .... , muss man vor allem sehr, viele Wörter ....

4. Die Struktur der DNS .... man seit 60 Jahren. Inzwischen hat man auch .... , dass Gene an- und ausgeschaltet werden können.

b Ergänzen Sie die Verben in der richtigen Form.

untersuchen • herausfinden • sich etwas ausdenken • nachdenken über • an einer Idee arbeiten

1. Es ist faszinierend, wie .... Menschen immer wieder .... Neues ....

2. Wir haben einen neuen Drucker, aber ich habe noch nicht .... , wie er funktioniert.

3. Mathematiker .... auch .... das Problem des Zufalls ....

4. Chemiker .... alle möglichen Arten von Stoffen.

5. Forscher .... oft jahrelang ....

3 Erfinden lernen – Ein etwas anderes Museum

Lesen Sie den Zeitungsartikel und beantworten Sie die Fragen.

1. In welchem Land liegt das Nonseum?
2. Wer sind die Erfinder, die in dem Museum ihre Erfindungen ausstellen?
3. Was ist das wichtigste Kriterium für eine Erfindung, die im Nonseum ausgestellt wird?
4. Warum werden die Erfindungen ausgestellt?

Erfindungen, die keiner braucht

Das etwas andere Museum: das Nonseum im Weinviertel

[…] Ein bisschen fühlt man sich an das berühmte gallische Dorf bei „Asterix und Obelix" erinnert. Auch
5 Herrnbaumgarten, dieser kleine österreichische Ort im Weinviertel, im Dreiländereck gelegen, das Österreich mit Tschechien und der Slowakei bildet, scheint etwas anders zu ticken als das übrige Land. Das erkennt der anreisende Besucher schon daran, dass ihn Ortsschilder
10 in allen möglichen und auch unmöglichen Sprachen, von Isländisch über Türkisch bis Chinesisch, empfangen.

Anonymitätsbalken

Dieses Dorf gibt sich weltoffen und international.
15 Es ist ein „verrücktes Dorf", wie es sich selbst bezeichnet. Und als solches wird es mittlerweile auch von der Österreich-Werbung prominent beworben.
20 Diese Wertschätzung war allerdings nicht von Beginn an da. Im Gegenteil: Anfang der 1980er Jahre galten jene Herren (kaum
25 Damen) – Lehrer und Weinbauern im Hauptberuf – eher als spinnerte Sonderlinge, die sie sich daranmachten, Dinge zu erfinden, die keiner braucht oder schlicht unsinnig sind. Beispielsweise Diätgeschirr: Die Schüssel weist unzählige Löcher auf, durch die das
30 Essen zuverlässig auf den Tisch rinnt. Auf diese Weise nimmt der Speisende garantiert nicht zu! Und das persönliche Wunschgewicht wird gewiss in kürzester

Stiegenbesen

Zeit erzielt. Eine andere Erfindung ist ein Kamm, dem in der Mitte die Zacken 35 fehlen. Geeignet für Herren mit Glatze.
Bald bekamen die Erfindungen ein festes Haus, das „Nonseum", 40 das inzwischen das unumstrittene Zentrum des Orts ist. „Es nutzt wirklich niemandem, das aber sehr gewissenhaft und mit aller Liebe", sagen die Betreiber, die sich 45 irgendwann, da in Österreich nichts ohne Vereinsmeierei geht, zum „Verein zur Verwertung von Gedankenüberschüssen" (VVG) zusammengeschlossen haben.
Ohne Unterlass wird weiter nachgedacht und gebastelt 50 und gewerkelt: Neue Dinge müssen her, die garantiert niemandem nutzen. Und sie kommen her, in so großer Zahl, dass ein Anbau mittlerweile unumgänglich wurde, der in etwa einem Jahr fertiggestellt sein soll. Das Museum wird dann größer sein und mehr Aus- 55 stellungsstücke präsentieren können.
In Zeiten, in denen wir mit Ratgeberbüchern geradezu überschwemmt werden, hat diese Art antizyklischen Tuns etwas angenehm Störrisches und Widerständ- lerisches – und vor allem etwas sehr Erfrischendes. 60

Viel zu lachen gibt es in jedem Fall.

Mehr Erfindungen unter: www.vvg.or.at/

 4

Forschen in einem Max-Planck-Institut

a   Wörter in der Wissenschaft – Ordnen Sie die Erklärungen 1–10 den Wörtern zu.

die Veranlagung • die Demografie • das Ergebnis • grundlegend • Daten auswerten • das Phänomen • die Grundlagenforschung • etwas mit sich bringen • interdisziplinär • die Menschheit

1. alle Menschen zusammen ....

2. Forschung, die sich mit nicht mit der praktischen Anwendung beschäftigt ....

3. Wissenschaft, die sich mit der Entwicklung und der Struktur der Bevölkerung beschäftigt ....

4. genetische Eigenschaften ....

5. Wissenschaftler verschiedener Fächer erforschen etwas gemeinsam ....

6. was bei einer Handlung / einer wissenschaftlichen Untersuchung herauskommt ....

7. fundamental, wesentlich ....

8. etwas zur Folge haben ....

9. etwas, das irgendwo vorkommt und von Menschen beobachtet werden kann ....

10. gesammeltes Material analysieren, um daraus Schlüsse zu ziehen ....

b **Ergänzen Sie die Verben mit einer Präposition oder einem Präpositionalpronomen.**

zur • mit • in • aus • auf • daran • dafür • davon

1. Die deutsche Forschungslandschaft besteht .... Universitäten und anderen Forschungseinrichtungen.

2. Die Max-Planck-Institute beschäftigen sich .... aktuellen Forschungsproblemen.

3. Sie leisten einen wichtigen Beitrag .... Grundlagenforschung in Deutschland.

4. Sie arbeiten .... vielen unterschiedlichen Forschungsgebieten.

5. Viele arbeiten .... , neue Theorien zu entwickeln.

6. Demografische Forschung ist wichtig, damit wir uns .... die Probleme der Zukunft vorbereiten können.

7. Die Forschung entwickelt sich sehr schnell. Solarzellen, Gentechnik, Computer: Noch vor 100 Jahren wusste die Menschheit nichts ....

8. Es ist wichtig, dass wir wissenschaftliche Erkenntnisse .... nutzen, unser Leben zu verbessern.

c **Formen Sie die unterstrichenen Ausdrücke in Relativsätze um.**

1. Eine älter werdende Gesellschaft ist eine Gesellschaft, ...

2. Die vor uns liegenden Aufgaben sind Aufgaben, ...

d **Ergänzen Sie die passenden Verben.**

1. Die meisten Forscher möchten einen Beitrag zur Weiterentwicklung der Wissenschaft ....

2. Ein guter Forscher muss bereit sein, alles in Frage zu ....

3. Die Max-Planck-Institute .... in der Forschungslandschaft eine wichtige Rolle.

5 ## Nomen mit Präpositionen

Ergänzen Sie die Sätze 1–4.

nach • darauf • über • darüber • an • mit

1. Die Frage .... dem Sinn des Lebens kann auch von Wissenschaftlern nicht beantwortet werden.
   Die Antwort .... muss jeder für sich selbst finden.

2. Wissenschaftler haben einen Bericht .... die ethischen Konsequenzen der Genforschung veröffentlicht.
   In der Gesellschaft werden viele Diskussionen .... geführt.

3. Die Teilnahme .... internationalen Konferenzen ist für Wissenschaftler von großer Bedeutung.

4. Im Vergleich .... den Universitäten haben die Max-Planck-Institute hervorragende Forschungsbedingungen.

6 ## Präsentation: Eine wichtige Erfindung

Ergänzen Sie die Wörter im Text.

Ich möchte Ihnen heute eine ganz wichtige Erfindung vorstellen: die Bri _ _ _. Wann s _ _ genau erfu _ _ _ _ wurde u _ _ wer s _ _ erfunden h _ _, das we _ _ man ni _ _ _ genau. Ab _ _ es w _ _ vor me _ _ als 700 Jah _ _ _. Meiner Mei _ _ _ _ nach i _ _ sie ei _ _ der wicht _ _ _ _ _ _ Erfindungen, de _ _ vorher wa _ _ _ Menschen m _ _ schwachen Au _ _ _ abhängig v _ _ ihrer Umw _ _ _ und o _ _ waren s _ _ hilflos. We _ _ es ke _ _ _ Brillen gä _ _, dann kön _ _ _ _ die mei _ _ _ _ älteren Mens _ _ _ _ und au _ _ viele ju _ _ _ Menschen ni _ _ _ lesen, ni _ _ _ Fernsehen gucken od _ _ am Comp _ _ _ _ arbeiten od _ _ spielen, s _ _ könnten ni _ _ _ Auto fah _ _ _ und vie _ _ _ andere me _ _.

Zum Sch _ _ _ _ _ möchte i _ _ noch sa _ _ _, dass i _ _ eigentlich ke _ _ _ Brille tr _ _ _, ich ha _ _ sie n _ _ für das Referat aufgesetzt. Für Fragen stehe ich gerne zur Verfügung. Vielen Dank für Ihre Aufmerksamkeit.

Überblick

Über Erfindungen und Entdeckungen sprechen

Chipkarten werden nicht nur in Telefonen verwendet, sondern auch in Kreditkarten.
Sowohl … als auch … sind ohne Chipkarte undenkbar.
Von der Erfindung des MP3-Formats profitieren heute alle Musikfreunde.
Die Erfindung der Röntgentechnik war eine Revolution in der Medizin.
Ohne den Airbag wären Autos viele unsicherer.

Einen Text über Forschungsmethoden verstehen

Die Max-Planck-Gesellschaft leistet wichtige Beiträge auf vielen Gebieten.
Ich beschäftige mich mit der Frage, wie die ersten Lebensjahre die Sterblichkeit beeinflussen.
Einen großen Teil meiner Forschung verbringe ich mit der Jagd nach statistischen Daten.
Ich leite eine Forschungsgruppe, die … untersucht.
Auf der Suche nach einer Theorie der Quantengravitation bewegen wir uns in den Fußstapfen von Einstein.
Das würde uns helfen, bisher ungeklärte Phänomene zu verstehen.
Die vor uns liegenden Aufgaben sind schwierig.
Die Arbeit ist rein theoretisch.
Forschung ist heute ein globales, grenzenloses Unternehmen.

Ein Kurzreferat halten

Beginn	Ich möchte Ihnen … vorstellen.
	Meiner Meinung nach ist … die wichtigste Erfindung der letzten 200 Jahre.
Präsentation	Im Jahre … erfand … Die Idee kam dem Erfinder in …
	Ein besonders Merkmal ist …
	Es ist leicht zu sehen, dass …
	Es zeichnet sich durch … aus.
	Diese Erfindung bildet weltweit die Grundlage für …
	Ich finde diese Erfindung für die Menschheit sehr wichtig, weil …
Ende	Zum Schluss möchte ich noch sagen, dass …
	Für Fragen stehe ich Ihnen gerne zur Verfügung. Vielen Dank für Ihre Aufmerksamkeit.

Nützliche Ausdrücke

etwas revolutionieren
zu wichtigen Erkenntnissen führen
wichtige Beiträge leisten zu …
sich daran machen, etwas zu erforschen

etwas liegt jdm. persönlich am Herzen
etwas in Frage stellen
ein neues Bild von der Welt haben
interdisziplinär arbeiten/forschen

Grammatik kurz und bündig

Nomen mit Präpositionen

suchen **nach** + D	
▶ die Suche **nach**	Sie ist auf der Suche **nach einem** neuen Elementarteilchen.
antworten **auf** + A	
▶ die Antwort **auf**	Sie sucht Antworten **auf die** wichtigen Fragen der Menschheit.
sich interessieren **für** + A	
! das Interesse **an** + D	Er hat Interesse **an den neusten** Statistiken.
vergleichen **mit** + D	
▶ im Vergleich **zu/mit**	Im Vergleich **zu/mit** dem Max-Planck-Institut sind andere Institute klein.

WORTSCHATZ TRAINIEREN

1 Wortbildung

a Nomen aus anderen Wortarten: *-ung, -heit, -keit, -tät, -schaft* – Die Nomen zu diesen Wörtern kommen in den Einheiten 7–9 vor. Wie heißen Sie?

erfahren	....	gesund	....	sehenswürdig	....
zufrieden	....	entdecken	....	mehrsprachig	....
globalisieren	....	hilfsbereit	....	fähig	....
abstimmen	....	regional	....	möglich	....
radioaktiv	....	forschen	....	öffentlich	....

b Ergänzen Sie die Sätze mit passenden Nomen aus 1a.

1. Viele Menschen helfen gern und man weiß, dass .... zur persönlichen .... führt.
2. In der EU ist in der Sprachenpolitik die .... ein wichtiges politisches Ziel.
3. Heute werden viele Fragen in der .... diskutiert, die früher Privatsache waren.
4. Seit dem Atomunfall ist die .... um das Kraftwerk herum stark erhöht.

c Adjektive aus Nomen: *-lich, -ig, -isch* – Die Adjektive zu diesen Wörtern kommen in den Einheiten 7–9 vor. Wie heißen Sie?

der Friede	....	die Trauer	....	der Schweizer	....
der Tod	....	vier Sprachen	....	die Theorie	....
das Glück	....	die Langeweile	....	die Philosophie	....
das Jahr	....	die Farbe	....	die Statistik	....

d Ergänzen Sie die Sätze mit passenden Adjektiven aus 1c.

1. Seit Jahrhunderten leben in der Schweiz unterschiedliche Kulturen .... zusammen.
2. Die Schweiz ist offiziell .... , aber nur wenige können alle vier.
3. .... sind alle Menschen gleich, aber in der Praxis nicht.
4. Frau Braun fährt einmal .... zum Urlaub nach Graubünden.

2 Nomen und Adjektive

a Welches Adjektiv passt nicht? Markieren Sie.

der Berg	hoch – schön – klug – gefährlich – verschneit
das Tal	dunkel – tief – lang – eilig – eng
die Ebene	weit – flach – steil – windig – grün
die Wiese	bunt – nass – schön – trocken – langsam
der Hang	steil – gefährlich – felsig – tief – flach
der Felsen	schwer – groß – klein – kantig – eng
der Bach	schmal – flach – neuartig – lang – romantisch
der Fluss	breit – tief – steil – lang – wasserreich
das Meer	trocken – weit – stürmisch – groß – ruhig
der See	klein – kalt – nass – gefroren – windstill
der Baum	hoch – blühend – alt – kahl – heiß
der Wald	tief – dunkel – jährlich – flach – groß
die Tulpe	rot – schön – kahl – teuer – verblüht

Ferdinand Hodler: Genfersee mit Savoyerbergen, 1907

b Wie viele Gegensatzpaare können Sie mit den Adjektiven aus 2a bilden?

trocken – nass

3 Verben

a Ergänzen Sie die Sätze mit den Verben in der richtigen Form.

(sich) vorbereiten auf · kämpfen um · verbringen · stehen · führen · (sich) treffen · leisten · (sich) beschäftigen mit

1. Um ein großes Unternehmen zu ...., braucht man viel Erfahrung.

2. Die deutschen Wissenschaft .... einen wichtigen Beitrag zum Fortschritt.

3. Viele Staaten müssen sich heute .... die demografischen Veränderungen ....

4. Viele Wissenschaftler .... sich seit langer Zeit .... dem Thema Demografie.

5. In Zukunft werden immer mehr Menschen .... immer weniger Ressourcen ....

6. Wir .... täglich viele Stunden im Auto, um zur Arbeit zu kommen.

7. Marco will in den USA studieren. Da .... es sich gut, dass er fließend Englisch kann.

8. Etwa der Hälfte der Menschheit .... inzwischen das Internet zur Verfügung.

b Ergänzen Sie eines der Präfixe: *be-, ent-, er-, ver-, zer*.

1. Sie können ein Stipendium ....antragen.

2. Die wichtigsten Information können Sie beim Studentenwerk ....fragen.

3. Der Arzt hat mir neue Beruhigungspillen ....schrieben.

4. Mein Arzt schreibt aber so unleserlich, dass man seine Schrift kaum ....ziffern kann.

5. Timo hat vor Wut das Foto seiner Exfreundin ....rissen.

4 Die kleinen Wörter

a Ergänzen Sie die Sätze mit: *fast, kaum, sonst, wohl*.

1. Ich habe diese Nacht .... geschlafen. Ich habe .... die ganze Zeit wachgelegen.

2. Er wird .... nicht zu Weihnachten nach Hause kommen.

3. Kannst du bitte noch einkaufen? .... musst du es morgen früh machen.

4. Ich komme heute .... gegen sieben nach Hause.

5. Ich war sehr spät dran und habe .... den Zug verpasst.

6. .... war er zu Hause, hat er schon wieder den Computer angemacht.

b Ergänzen Sie die Sätze mit: *mindestens, meistens, nie, am meisten, die meisten*.

1. .... die Hälfte aller Deutschen spricht heute etwas Englisch.

2. .... Schweizer sprechen deutsch.

   Fast jeder spricht .... drei Sprachen.

3. Ich mache .... im Juli Urlaub. .... gehe ich nach Weihnachten Skifahren.

4. Sie macht viel Sport. .... Spaß macht ihr das Eislaufen.

5 Wörter leichter lernen

Manche Menschen können sich Wörter besser merken, wenn sie sie Formen, Farben, Tönen oder einem Geschmack zuordnen. Probieren Sie aus, ob es für Sie funktioniert. Hier ein Beispiel zu Einheit 9.

die Atomspaltung
rot
die Radioaktivität
kämpfen um
undenkbar

die Entdeckung   die Erfindung
     grün   forschen
  erforschen   innovativ

Training 3

STRUKTUREN TRAINIEREN

6 **Wörter und Texte**

Sie erhalten den folgenden Text. Leider ist der rechte Rand unleserlich. Rekonstruieren Sie den Text, indem Sie jeweils das fehlende Wort an den Rand schreiben.

Sprachenvielfalt

Ein großes Forschungsprojekt hat die Situation und Verwendung

verschiedenen Sprachen in der Schweiz untersucht.

Verfassung gibt es in der Schweiz vier Sprachen: Deutsch, Französisch, Italienisch

Rätoromanisch. Außerdem sprechen die aus dem Ausland zugezogenen

Menschen auch noch ihre eigene Muttersprache. Man kann also in der Schweiz

große Vielfalt von Sprachen hören. Wie kann man im Alltag damit leben?

Sprachen werden zum Beispiel in der Fußballnationalmannschaft

oder in der Armee gesprochen? Die Antwort darauf ist,

in vielen Bereichen mehrere Sprachen verstanden und gesprochen

Die Schweizer sprechen im Schnitt neben ihrer Muttersprache zwei

Vielleicht sprechen sie die Fremdsprachen nicht perfekt, aber sie

in dieser Sprache kommunizieren und wichtige Alltagssituationen

Die Idee ist, dass es besser ist, dass viele Schweizer die Landessprachen ein bisschen können, als dass wenige sie perfekt beherrschen.

1. *der* ....
2. ....
3. ....
4. ....
5. ....
6. ....
7. ....
8. ....
9. ....
10. ....

7 **Komparativ und Superlativ**

a **Ergänzen Sie die Sätze und verwenden Sie den Komparativ.**

1. Genf ist eine große Stadt. – Zürich ist eine .... Stadt als Genf.
2. Das Matterhorn ist ein hoher Berg. – Der Montblanc ist ein .... Berg als das Matterhorn.
3. Die Schweiz ist ein kleines Land, aber Liechtenstein ist ein noch ....
4. In Österreich gibt es hohe Berge. – In der Schweiz gibt es noch .... Berge.
5. Sie fährt ein gutes Fahrrad. – Ich werde mir morgen ein noch .... kaufen.
6. Mein Freund spricht viele Sprachen, aber seine Mutter spricht noch ....

b **Komparativ und Superlativ – Ergänzen Sie die Sätze. Achten Sie auf die Endung.**

Das Klima in Deutschland ist je nach Region unterschiedlich. Im Nordwesten ist es vom Atlantik beeinflusst, im Osten und Süden herrscht ein kontinentales Klima vor. Deshalb regnet es im Norden .... (viel) als im Süden. Im Sommer ist es im Norden auch .... (kalt) als im Süden, aber im Winter dafür .... (warm). Die .... (sonnig) und .... (warm) Region ist der Oberrhein. Der .... (kalt) Ort ist der Gipfel der Zugspitze. Die .... (tief) jemals gemessene Temperatur in Deutschland ist –45,9 °C, der .... (hoch) Wert wurde im Saarland gemessen. Er beträgt 40,3 °C. Auch in Deutschland kann man den Trend zu .... (hoch) Temperaturen beobachten. Insbesondere die Sommer sind .... (warm) geworden und der Frühling beginnt .... (früh) als noch vor ein paar Jahrzehnten.

8 Je ... desto

Schreiben Sie Sätze.

1. man: viele Freunde – man: sich glücklich fühlen
2. man: reich – man: sich viel leisten können
3. man: viel im Lotto gewinnen – man: gerne weiter spielen
4. man: Erfolg haben – man: stolz sein
5. man: viele Komplimente hören – man: sich gut fühlen
6. man: viele Menschen glücklich machen – man: zufrieden sein
7. man: glücklich sein wollen – man: unglücklich werden
8. man: wenig arbeiten muss – man: viel Zeit für sich haben

Je mehr Freunde man hat, desto glücklicher fühlt man sich.

9 Konjunktiv II

Schreiben Sie Wunschsätze.

1. Ich muss morgens früh aufstehen. – (lange schlafen)
2. Ich habe nie Zeit. – (mehr Zeit).
3. Ich habe nur im Sommer Urlaub. – (das ganze Jahr)
4. Ich bin manchmal unglücklich. – (immer glücklich)
5. Ich spreche gut Deutsch. – (perfekt Deutsch sprechen)
6. Ich studiere an einer Universität. (an einem Max-Planck-Institut forschen)
7. Ich bin Studentin. – (eine berühmte Erfinderin sein)
8. Ich muss viel für die Prüfungen arbeiten. – (mühelos die Prüfungen bestehen)

Ich würde gerne lang schlafen.

10 Pech gehabt! – Was wäre, wenn ...

Schreiben Sie die passenden Aussagen.

1. Er ist kein Automechaniker. (reparieren und weiterfahren)	2. Er kann nicht tanzen. (bessere Chancen bei ihr haben)	3. Sie weiß ihr Passwort nicht mehr. (mit ihren Freundinnen chatten können)	4. Sie kennt sich in der Stadt nicht aus. (den Bahnhof schneller finden und den Zug nicht verpassen)

Wenn er Automechaniker wäre ...

11 Was würden Sie machen, wenn...?

Schreiben Sie und vergleichen Sie im Kurs.

1. Was würden Sie machen, wenn Sie Ihr Handy verloren hätten?
2. Was würden Sie machen, wenn Sie sich in einer fremden Stadt verirrt hätten?
3. Was würden Sie machen, wenn Sie ein Sprachgenie wären?
4. Was würden Sie machen, wenn Sie eine Reise auf den Mond geschenkt bekommen würden?

12 Lass mich in Ruhe!

Ergänzen Sie die richtige Form von *lassen*.

1. – Kannst du mir sagen, wo ich mir die Haare schneiden .... kann?

   – Klar, bei „Haarfein", da .... ich sie mir auch immer schneiden.

2. Wo hast du dein Fahrrad ....? Im Keller. Wo .... du eigentlich dein Fahrrad?

3. Hast du das alleine geschafft? Nein, ich habe mir helfen ....

Kunst

1 **Ein Kunstwerk befragen – Lieblingsbilder der Deutschen**

Was „das" Lieblingsbild der Deutschen ist, kann niemand wirklich sagen, aber verschiedene Umfragen haben ergeben, dass diese beiden Bilder ganz weit vorne liegen. Im Internet finden Sie die Bilder in Farbe.

Caspar David Friedrich, „Eismeer"

Carl Spitzweg, „Der arme Poet"

a **Bildbeschreibungen – Ergänzen Sie die fehlenden Elemente.**

1. Auf der rechten • Im Zentrum • wie eine Wand • klar gegliedert • im Mittelteil • im Hintergrund • zu einem Berg •
   von rechts nach links

Caspar David Friedrichs „Eismeer" ist ein querformatiges Gemälde, das .... ist. Es zeigt eine

unruhige Eislandschaft .... und im Vordergrund und im .... eine

kalte Fläche, wo das Meer in den Himmel übergeht. .... steht eine Eisdecke, deren Platten

.... übereinandergeschoben sind. Die einzelnen Eisstücke sind in der Hauptrichtung

.... geschichtet.

.... Bildseite sieht man die Reste eines Schiffes, das untergeht. Der Hintergrund wird durch

das Meer mit Eisbergen gebildet, die sich in der Tiefe verlieren. Der Himmel ist kalt. Er liegt ....

hinter der eingefrorenen Szene.

2. Daneben • Vor der Matratze • Durch • Auf seinen Knien • Rechts • Bildrand • zeigt • von ... aus • an dem • auf dem Boden •
   linken • auf denen • hängt

Das Bild .... einen Dichter in seinem Dachzimmer, das ....

einem kleinen Fenster .... beleuchtet wird. .... sieht man die

Schräge des Dachs, ... ein Regenschirm hängt, um die Schlafstelle vor dem durch das Dach

tropfenden Wasser zu schützen. Am rechten .... ist die Zimmertür zu erkennen.

Der Dichter besitzt kein Bett. Stattdessen liegt an der Wand eine Matratze .... , auf der er liegt.

Er trägt eine Schlafmütze gegen die Kälte. .... hält er mit der ....

Hand einige Manuskriptseiten. .... stehen und liegen dicke Bücher sowie zwei Schachteln,

.... ein Tintenfass steht. Auf dem Kachelofen steht eine Kerze, ...

die Waschschüssel, an einer Wäscheleine .... ein Handtuch. Am – vermutlich kalten –

Ofenrohr hängt ein Hut.

.... das Fenster sieht man verschneite Dächer. Der Dichter ist so arm, dass er im Bett liegen

bleibt, um sich wenigstens ein bisschen warm zu halten. Heizen könnte er nur, wenn er seine Werke verbrennen würde.

 b **Wählen Sie eines der beiden Bilder aus und schreiben Sie Ihre Gedanken und Gefühle dazu auf.**

Über eine Skulptur sprechen

a   Wiederholung: Verbformen Präteritum und Konjunktiv II – Ergänzen Sie die Tabelle.

Infinitiv		sein	haben	dürfen	können	müssen	sollen	wollen
Präteritum	ich	*war*						
Konjunktiv II	ich							

b   Schreiben Sie die Sätze mit *als ob/wenn* oder *als*.

1. Der Dichter auf Spitzwegs Bild sieht aus, (krank sein)

2. Das Dachzimmer wirkt, (sehr kalt sein)

3. Der Himmel auf dem Bild „Das Eismeer" sieht aus (eine Wand/sein)

4. Das Eis sieht aus, (alles zerstören/können)

5. Du siehst aus, (drei Tage nicht geschlafen/können)

6. Sie fühlt sich, (Grippe haben)

7. Er tut so, (nicht sein Problem)

8. Ihr seht aus, (unbedingt etwas essen/müssen)

> *Der Dichter auf Spitzwegs Bild sieht aus, als ob/wenn er krank wäre./…, als wäre er krank.*

CD 20   c   Hören Sie die Interpretation zur Skulptur „Tischgesellschaft".
Beantworten Sie die Fragen in Stichworten. Vergleichen Sie im Unterricht.

1. Welche Zahlen spielen bei dem Kunstwerk eine Rolle?

....

2. Was sagt der Autor über die Männer?

....

3. Was ist das besondere an der Tischdecke?

....

4. Wie findet der Autor die Stimmung in dieser Skulptur?

....

Meinungen zu einem Kunstwerk

Im Text sind 10 Fehler: 5 x Wortstellung und 5 x Artikel. Korrigieren Sie.

Die Bild von Carl Spitzweg trägt den Titel „Der arme Poet". Es zu den zehn Lieblingsbildern der Deutschen gehört. Man sieht ein Dichter im Winter in seinem kalten Dachzimmer, durch dessen Dach das Wasser tropft. Auf mich wirkt das Bild wie ein Symbol für die Kunst. Oft hat man heute der Gefühl, dass alle Künstler verdienen viel Geld. In Wahrheit ist es nur eine ganz kleiner Teil, der leben von seiner Kunst kann. Viele Künstler sind auch heute sehr arm und müssen mit sehr wenig Geld überleben. Spitzwegs Bild zeigt einen Künstler in dieses Situation. Er könnte sein Zimmer nur heizen, wenn er seine Werke würde verbrennen, aber man hat das Gefühl, als ob er lieber sterben würde, als das zu tun. Heute das Bild wirkt auf viele spießig, aber mich beindruckt es, weil es etwas zeigt, was auch heute noch Wirklichkeit ist.

Jan Benn, S5A

4 Wozu eigentlich Kunst?

a Schreiben Sie eine Zusammenfassung des Textes im Schülerbuch. Benutzen Sie auch die folgenden Satzanfänge und Ausdrücke.

In Text mit dem Titel ... geht es um die Frage, ...

Der Autor stellt fest, dass ...

Er gibt zwei Beispiele von Künstlern, ...

Für Schiller war es wichtig, dass ...

Für Beuys spielte ... eine wichtige Rolle, dass ...

sich über den Sinn von Kunst Gedanken machen

sich mit Kunst beschäftigen

Der Text kommt zu dem Schluss, dass ...

Anselm Kiefer, Blei-Bibliothek (1988)

b Nomen und Verben – Was passt zusammen? Es gibt z. T mehrere Möglichkeiten.

1. 100 Mio. Euro
2. um die Welt
3. ins Museum
4. die Welt mit anderen Augen
5. eine Entdeckung
6. Geld
7. Theater
8. ein Bild
9. Geschichten
10. eine Opernarie

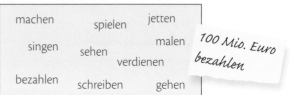

machen · spielen · jetten · singen · sehen · malen · verdienen · bezahlen · schreiben · gehen

100 Mio. Euro bezahlen

5 Kunst in meinem Leben

Welche Formen von Kunst sind für Sie wichtig? Wählen Sie eine Kunstform aus (Musik, bildende Kunst, Architektur, Theater, Fotografie, Film, Computerkunst ...) und machen Sie eine Mind-Map dazu wie im Beispiel. Arbeiten Sie mit dem Wörterbuch. Vergleichen Sie Ihre Mind-Maps im Unterricht.

6 Debatte – Kunst oder Mathe, Ethik oder Englisch?

CD 21 Sie hören ein Gespräch. Lesen Sie jetzt die Aufgaben (1–6). Kreuzen Sie beim Hören bei jeder Aufgabe die richtige Lösung an.

Hören Sie das Interview einmal.

1. Der Moderator sagt, dass ...
   - a der Unterricht immer berufsorientierter wird.
   - b die Schüler über den Unterricht diskutieren.
   - c man bisher die Schüler nicht gehört hat.

2. Sabine Wenck meint, dass ...
   - a man Mathe nicht braucht.
   - b nicht alle das Gleiche lernen müssen.
   - c die Schüler mehr Mathe möchten.

3. Rainer Bade sagt, dass ...
   - a man nur das Basiswissen braucht.
   - b man mehr differenzieren müsste.
   - c dass Mathe nach der 8. Klasse zu schwer ist.

4. Mehr Differenzierung schafft das Problem, dass ...
   - a viele Schüler dann nicht mehr mitkommen.
   - b das soziale Lernen zu kurz kommt.
   - c alle nur noch konkurrieren.

5. Rea Lahm meint, dass ...
   - a der Kunstunterricht oft zu theoretisch ist.
   - b sie immer viel Spaß im Kunstunterricht hatte.
   - c Fächer wie Kunst und Musik keine Schulfächer sind.

6. Rainer Bade meint, eine Idee wäre, ...
   - a mehr Freizeit zu haben.
   - b dass man künstlerische Aktivitäten außerhalb der Schule nachweisen muss.
   - c mehr kreative Fächer in der Schule zu haben.

Überblick

Über Kunstwerke sprechen

Auf dem Bild sieht man viele Personen. Sie sehen alle gleich aus.
Ich habe „kalt" gewählt, weil ich finde, dass die Männer sehr kalt aussehen.
Die Szene sieht so ähnlich aus wie …
Die Tischdecke wirkt, als ob sie für einen Gartentisch wäre.
Die Gesichter sehen aus, als ob die Männer trauern würden.
Auf mich wirkt das wie …
Man könnte glauben, dass …
Mir gefällt …, weil ich die Farben und Formen mag.
Ich finde es eigentlich hässlich, aber interessant, weil …
Ich habe es mitgebracht, weil/obwohl …

Einen Text über ein Kunstwerk schreiben

Einleitung	Die Skulptur von … trägt den Titel …
Sachliche Beschreibung	Man sieht einen langen Tisch, an dem …
	Auf dem Tisch liegt …
	Die Männer sind alle … Ihre Gesichter/Hände/Augen …
	Die vorherrschenden Farben sind …
Persönliche Meinungen / Gefühle	Auf mich wirken die Personen, als ob … Ich fühle mich, als …
	Man hat das Gefühl, dass die Künstlerin …
Schluss	Ich kann wenig mit dem Werk anfangen, denn/aber/obwohl …
	Mich beindruckt die Skulptur, weil …

Einen Text über Kunst verstehen

Allein in Deutschland gibt es heute über 600 Kunstmuseen.
Es stimmt schon, dass Kunst heute auch ein großes Geschäft ist, aber zugleich auch ein Blick auf die Welt
mit anderen Augen.
Der deutsche Dichter Schiller hat vor 200 Jahren eine Entdeckung gemacht, die noch heute wichtig ist.
Kunst ist etwas, das wir, genau wie unsere Sprache, für unser Menschsein brauchen. J. Beuys, einer der wichtigsten
Künstler der 20. Jahrhunderts, wird oft mit dem Satz zitiert: „Jeder Mensch ist ein Künstler."
Kunst scheint zu faszinieren, auch wenn sie immer wieder irritiert.

Nützliche Ausdrücke

es stimmt schon … aber zugleich	dazu gehört z. B. …
die Welt mit anderen Augen sehen	Kunst ist etwas, das …
die Freiheit haben, etwas zu tun, was …	gleichbedeutend sein mit

Grammatik kurz und bündig

Irreale Vergleichssätze mit *als ob, als wenn, als*

Hauptsatz und Nebensatz: *als ob / als wenn* + Konjunktiv II

Das sieht aus, **als ob / wenn** es eine Konferenz **wäre**.	(Aber es ist wahrscheinlich keine.)
Die Figuren sitzen da, **als ob / wenn** sie auf jemanden **warten würden**.	(Aber man weiß es nicht.)

Hauptsatz und Hauptsatz: *als* + Konjunktiv II

Die Männer sehen aus, **als hätten** sie keine Gefühle.	(Aber vielleicht ist es ganz anders.)

1 **Helfen**

a **Welche Verben passen zu den Nomen?**

ebsietiesehten • seannegwie neis • nebge • äbeischfgten • sretäkn • zertewätschn

das Selbstwertgefühl .... die Leistung ....

eine Perspektive .... in Notsituationen ....

sich mit einer Frage .... auf Hilfe anderer ....

b **Schreiben Sie die Sätze zu Ende und vergleichen Sie im Unterricht.**

1. Man kann das Selbstwertgefühl ...., indem …

2. Wenn man sich intensiv mit einer Frage ...., …

3. Wer die Leistungen anderer nicht ...., …

4. Es ist wichtig, dass es Menschen gibt, die anderen in Notsituationen ...., denn …

5. Wer auf die Hilfe anderer ...., …

6. Wenn man anderen Menschen eine Perspektive .... kann, …

Man kann das Selbstwertgefühl stärken, indem man aktiv wird.

c **Ergänzen Sie das Nomen mit Artikel.**

mitfühlen .... anerkennen ....

unterstützen .... hilfsbereit sein ....

helfen .... leiden ....

sich überwinden .... nachahmen ....

d **Ergänzen Sie die Endungen.**

1. Wer ander....... hilft, der bekommt auch selbst Hilfe.

2. Wie kann man ander....... Menschen unterstützen?

3. Es ist oft ganz wichtig, dass man für ander....... einfach da ist.

4. Jeder Mensch hat schon einmal ein....... ander....... geholfen.

5. Es ist auch für einen selbst gut, wenn man ander....... Gutes tut.

e **Ergänzen Sie den Text.**

Hilfsbereitschaft ist ansteckend

Wenn ein Mensch einem anderen Menschen hilft, dann wi _ _ sich d _ _
andere Per _ _ _ wahrscheinlich au _ _ ihm gege _ _ _ _ _ hilfsbereiter
verh _ _ _ _ _. Das leuc _ _ _ _ allen e _ _. Forscher ha _ _ _ jetzt ab _ _
auch herausg _ _ _ _ _ _ _, dass d _ _ Empfänger d _ _ Hilfe in vie _ _ _
Fällen au _ _ gegenüber and _ _ _ _ Personen beso _ _ _ _ _ hilfsbereit i _ _.
Das hilfsb _ _ _ _ _ _ Verhalten i _ _ sozusagen „anste _ _ _ _ _“. Wenn
jem _ _ _ mit Hilfsber _ _ _ _ _ _ _ _ _ in Kon _ _ _ _ kommt, wi _ _ er
meis _ _ _ _ auch sel _ _ _ hilfsbereiter wer _ _ _. So ka _ _ sich d _ _ Wille
z _ _ guten T _ _ von ei _ _ _ Menschen z _ _ anderen wei _ _ _ verbreiten.
Ist das nicht eine wunderbare Vorstellung?

CD 22 **f   Hören Sie. Welche Reaktion passt?**

1.	2.	3.
[a] Das finde ich auch gut. [b] Ich bin nicht deiner Meinung. [c] Das habe ich nicht gesagt.	[a] Doch, das ist falsch. [b] Doch, das entspricht auch meiner Erfahrung. [c] Doch, ich bin auch deiner Meinung.	[a] Ja, das stimmt, kleine Kinder helfen meistens sehr gerne. [b] Ich auch. [c] Kleine Kinder vielleicht, aber bei Erwachsenen habe ich auch andere Erfahrungen.

2   Soziale Initiativen

a   Adjektive als Nomen – Ergänzen Sie zuerst die Tabelle und dann die Sätze.

	m	f	Plural
Nominativ	der Obdachlos........... ein Obdachlos...........	die/eine Obdachlos...........	die Obdachlos........... – Obdachlos...........
Akkusativ	den/einen Obdachlos...........		
Dativ	dem/einem Obdachlos...........		den/– Obdachlos...........
Genitiv	des/eines Obdachlos...........	der/einer Obdachlos...........	der Obdachlos........... – Obdachlos...........

1. Die Straßenambulanz hilft Obdachlos........... . Unter den Obdachlos........... sind auch viele Krank........... , die medizinische Hilfe benötigen. Die Ärztin fährt zu den Aufenthaltsorten der Wohnungslos........... und versorgt sie.

2. In den Initiativen arbeiten viele Ehrenamtlich........... . Die Ehrenamtliche........... setzten sich für andere, z. B. Benachteiligt........... ein, ohne dafür Geld zu bekommen.

3. Die Initiative *Rock your Life* bringt Jugendlich........... (Hauptschüler) und junge Erwachsen........... (Studenten) zusammen. Die Jugendliche........... profitieren davon, da sie von den Studenten zusätzliche Hilfe bekommen, die die Familie oder das soziale Umfeld nicht geben kann. Aber auch die jungen Erwachsene........... profitieren davon, da sie Probleme kennenlernen, mit denen sie in ihrem eigenen Leben nicht konfrontiert waren.

4. Ein spastisch Gelähmte........... war der erste Mensch, dem Julius Deutsch mithilfe von Computertechnik neue Chancen im Leben gegeben hat. Er hat danach auch vielen anderen Behinderte........... geholfen.

CD 23 **b   Hören Sie das Interview mit Frau Gniffke von Kommhelp. Welche Aussagen passen zum Interview.**

> „Miteinander Leben" ist eine Messe für die Bereiche Pflege von Alt und Jung, Rehabilitation sowie Mobilität im Alltag, Freizeit, Kultur und Urlaub. Sie findet jedes Jahr in Berlin statt. Die Messebesucher erfahren alles, was für ältere Menschen sowie für Menschen mit einer Behinderung oder Einschränkung wichtig ist.

1. Menschen, die bei dem Verein Kommhelp Hilfe suchen, haben Probleme mit der Bedienung ihres Computers.

2. Der Verein Kommhelp hat interessante Standardlösungen für behinderte Menschen.

3. Frau Gniffke hofft, dass sich mehr Programmierer an der Softwareentwicklung beteiligen.

c Schreiben Sie einen Brief oder eine E-Mail an eine der Initiativen im Schülerbuch und bitten Sie um Informationsmaterial. Berücksichtigen Sie die folgenden Punkte und beachten Sie die Regeln für formelle Briefe.

– Wie haben Sie von der Initiative erfahren?
– Was finden Sie an der Initiative besonders interessant?
– Welches Informationsmaterial möchten Sie gerne haben?
– Wofür möchten Sie das Informationsmaterial verwenden?

 Und wenn Sie das nicht getan hätten ...?

a Wiederholung Konjunktiv II – Schreiben Sie die Sätze zu Ende. Vergleichen Sie im Unterricht.

Obdachlosen helfen • technische Hilfsmittel bauen, die Behinderten helfen • ins Krankenhaus gehen und kranken Kindern ein bisschen Sonnenschein bringen • sozial schwächeren Schülern helfen

1. Ich bin kein Arzt, aber wenn …

2. Ich bin keine Tüftlerin, aber wenn …

3. Ich bin kein Clown, aber wenn …

4. Ich bin keine Studentin, aber wenn …

b Konjunktiv II in der Vergangenheit – Ergänzen Sie.

Wenn ich vor einem Jahr an Silvester den Computer nicht eingeschaltet ...., ... ich nicht in das tolle Forum gekommen. Ich .... nicht mit Marina gechattet. Wir .... uns wahrscheinlich nie kennengelernt. Wir .... uns nicht treffen können. Ich .... dann alleine in den Urlaub fahren müssen. Wir .... nicht diese tolle Klettertour in den Alpen gemacht.

Wir .... dann aber auch in den letzten Monaten nicht so viel gestritten. Ich .... mich nicht über ihre Unordnung geärgert und sie .... machen können, was sie wollte. Tja, ich weiß auch nicht, was an diesem Silvesterabend besser gewesen ....

c Ergänzen Sie die richtige Form: *wäre, hätte* oder *würde*.

1. Das .... ich an deiner Stelle nicht gemacht. Du .... lieber einen neuen kaufen sollen. Bei gebrauchten Computern weiß man nie, ob alles in Ordnung ist.

2. An deiner Stelle .... ich mich erst noch mehr informieren. Ich .... vorsichtig, denn man kann so leicht hereinfallen.

3. Sie sieht aus, als ob sie sehr in Eile .... und keine Zeit ....

4. Ich finde, er sieht aus, als ob er sehr glücklich .... So, als ob er die Frau fürs Leben kennengelernt ....

5. Ich .... an deiner Stelle in diesem Projekt mitarbeiten. Da kannst du viel Erfahrung sammeln.

6. Sie haben gesagt, dass sie uns gerne helfen .... , aber sie .... leider nie Zeit.

7. Was .... du tun, wenn du an meiner Stelle .... , das Auto kaufen oder nicht?

Überblick

Einen Sachtext zur Psychologie des Helfens verstehen

Die Befragten verspürten positive Gefühle.
Die Erfahrung des Helfens stellt für sie einen Wendepunkt im Leben dar.
Das Selbstwertgefühl des Helfers wird gestärkt.
Empathie ist die Fähigkeit mit anderen mitzufühlen.
Man erkennt, dass man aus eigener Kraft aus einer Situation (nicht) herauskommt.
Kinder sind in besonderem Maße auf die Hilfe anderer angewiesen.
Hilfsbereitschaft entsteht auch durch Nachahmung.
Die Leistung anderer anerkennen und wertschätzen.

Über eine These diskutieren

Im Text steht, dass …. Meiner Erfahrung nach muss man aber auch berücksichtigen, dass …
Du hast schon Recht, es gibt …, aber …
Natürlich stimmt es dass …, aber das heißt ja noch nicht, dass …

Eine soziale Initiative vorstellen

ein Projekt vorstellen	Ich möchte euch … vorstellen.
	Die Mitarbeiter engagieren sich für …
	In meiner Nachbarschaft lebt …
über Erfahrungen sprechen	Ich habe … in dem Projekt mitgearbeitet.
	Ich fand die Arbeit …, aus diesem Grund …
	Ich würde (nicht) gerne in dem Projekt mitarbeiten, denn …
eigene Meinung äußern	Meiner Meinung nach ist das eine … Tätigkeit, denn wenn man …
	Ich könnte mir (nicht) vorstellen, …, da …
Wunsch als Schluss	Ich würde mir wünschen, dass …

Nützliche Ausdrücke

etwas über das Internet verbreiten
von Herzen lachen können
etwas ist jemandem zu verdanken
dank eines Sprachprogramms …

etwas zur Verfügung zu stellen
jdm. in einer Notsituation beiseite stehen
jdm. eine Perspektive geben
etwas tut gut

Grammatik kurz und bündig

1 Konjunktiv II in der Vergangenheit

hätte/wäre + Partizip II
Wenn sie nicht **geholfen hätten**, **wäre** es für viele Menschen schwieriger **gewesen**.

2 Konjunktiv II in der Vergangenheit mit Modalverben

hätte + Verb und Modalverb im Infinitiv
Er **hätte** sich auch Luxus **leisten können**.
Sie **hätte** nicht ohne Bezahlung **arbeiten müssen**.

3 Adjektive als Nomen

Wenn Adjektive zu Nomen werden, werden sie dekliniert wie die Adjektive.
Erwachsen**e** und Jugendlich**e** sind zu dem Ausflug eingeladen. Die Erwachsen**en** zahlen 10 €, die Jugendlich**en** 5 €.

1 **Trends am Arbeitsmarkt**

a **Welche Berufe aus dem Schülerbuch sind das?**

1. Sie hilft mir, wenn ich ein neues Computernetzwerk installieren will.

....

2. Er kann mir Tipps geben, wie ich mein Geld gut anlegen kann.

....

3. Sie fährt durch die Stadt und bringt Dokumente, Pakete usw. zu den Leuten.

....

4. Er arbeitet beim Staat und soll dafür sorgen, dass die Bürokratie gut funktioniert.

....

5. Sie plant Gebäude, Straßen, Fabriken …

....

6. Mit ihm spreche ich zuerst, wenn ich z. B. bei einer großen Firma anrufe.

....

7. Er arbeitet in der Landwirtschaft, wenn die Früchte reif sind.

....

8. Er kann mir Apparate auf dem Dach installieren, die Strom produzieren.

....

b **Schreiben Sie ähnliche Erklärungen zu anderen Berufen. Üben Sie im Unterricht weiter.**

2 **Berufschancen**

a **Ergänzen Sie den Text.**

Welche Berufe haben Zukunft? Diese Fr _ _ _ ist

ni _ _ _ so ein _ _ _ _ zu beant _ _ _ _ _ _ _, denn

m _ _ kann schl _ _ _ _ vorhersagen, wel _ _ _ Berufe

in Zuk _ _ _ _ im Tr _ _ _ liegen. Eines ist sic _ _ _,

die wen _ _ _ _ zukünftigen Akade _ _ _ _ _ werden

drin _ _ _ _ gebraucht u _ _ haben gu _ _ Chancen,

Jo _ _ zu beko _ _ _ _. Insbesondere Fra _ _ _, die si _ _

für techn _ _ _ _ _ Studiengänge entsc _ _ _ _ _ _ _,

haben se _ _ gute Berufs _ _ _ _ _ _ _ _. Auch

Stud _ _ _ _ _ von IT-Ber _ _ _ _ werden we _ _ _

Probleme b _ _ der Jobs _ _ _ _ haben, da m _ _ immer

me _ _ gut ausgeb _ _ _ _ _ _ Fachkräfte brau _ _ _ _

wird. Aufgrund d _ _ Globalisierung d _ _ Handels

wer _ _ _ Arbeitskräfte im Ber _ _ _ _ Logistik se _ _ gefragt se _ _. Im Tr _ _ _ liegen au _ _ Studiengänge, die z. B.

Kennt _ _ _ _ _ aus d _ _ Wirtschaftswissenschaften m _ _ naturwissenschaftlichen, techn _ _ _ _ _ _ oder kultu _ _ _ _ _ _

Fachkenntnissen verb _ _ _ _ _. Mediziner u _ _ Pädagogen wer _ _ _ ein bre _ _ _ _ Angebot an Möglic _ _ _ _ _ _ _ haben.

Aller _ _ _ _ _ weiß m _ _ nicht, wel _ _ _ Auswirkungen d _ _ Geburtenrückgang in d _ _ nächsten Jah _ _ _ haben wi _ _.

Vor al _ _ _ im Ber _ _ _ _ der anspruc _ _ _ _ _ _ _ _ Tätigkeiten wer _ _ _ in d _ _ nächsten Ze _ _ immer me _ _

Arbeitskräfte gebr _ _ _ _ _. Wer ab _ _ in Zuk _ _ _ _ am Arbeit _ _ _ _ _ _ wirklich gu _ _ Chancen ha _ _ _ will, muss

versch _ _ _ _ _ _ Sekundärqualifikationen ha _ _ _: Flexibilität, Mobi _ _ _ _ _, Leistungsorientiertheit, Teamfä _ _ _ _ _ _ _

sind wic _ _ _ _ und Auslands _ _ _ _ _ _ _ _ _ _ hilft im _ _ _. Durch d _ _ Globali _ _ _ _ _ _ _ entstehen viele neue

Chan _ _ _, wie z. B. die Arbeit in multikulturellen Teams und neue kulturelle Erfahrungen.

b Ergänzen Sie die Sätze mit den folgenden Wörtern und Ausdrücken aus dem Text im Schülerbuch.

Leidenschaft • liegen … im Trend • ausreichend qualifiziert • zukünftig • Studiengänge • insbesondere • sind … sehr gefragt • hat … schlechte Karten • zählt zu • Sekundärqualifikationen • gute Chancen

1. Viele fühlen sich durch das Studium nicht .... für eine Arbeitsstelle und machen u. a. deshalb noch Praktika in Betrieben.

2. .... wird es immer weniger feste Stellen geben und immer mehr Projektverträge.

3. Nicht nur das Fachwissen zählt, sondern auch .... wie Teamfähigkeit.

4. Fast alle Berufe, die mit Informatik zu tun haben, ... heute
....

5. Wer .... auf dem Arbeitsmarkt haben will, braucht eine gute Ausbildung.

6. Wer keine gute Ausbildung hat, ...
bei der Arbeitssuche ....

7. In den letzten Jahren hat die Zahl der .... ,
die direkt für einen bestimmten Beruf qualifizieren, stark zugenommen.

8. .... Ausbildungen an Fachhochschulen
.... bei den Studenten
.... , weil sie direkt zu einem Berufs-
abschluss führen.

9. Betriebswirtschaft .... den beliebtesten
Studienfächern.

10. Um Erfolg zu haben, muss man seine Arbeit nicht nur gut, sondern auch mit
.... machen.

Der Eingang zur Humboldt Universität in Berlin.

c Schreiben Sie einen Text über die Berufschancen in Ihrem Land / Ihrer Region. Versuchen Sie, einige der folgenden Ausdrücke zu verwenden.

ich glaube, dass … • vermutlich • es ist sehr wahrscheinlich • ich bin mir nicht sicher, ob … • die Globalisierung ist bei uns … • man kann davon ausgehen, dass … • wenn die Entwicklung so weitergeht, dann … • bei uns ist es genauso wie … • auch in Zukunft wird man in unserem Land …

3 Über die Zukunft sprechen

a Lesen Sie das Beispiel und schreiben Sie die folgenden Sätze auf mehrere Arten so, dass klar wird, dass Sie über die Zukunft sprechen.

1. Ich mache meine Abschlussprüfung.
2. Ich studiere Jura.
3. Sie fährt nach Deutschland
4. Wir arbeiten zusammen.

Ich mache in zwei Monaten meine Abschlussprüfung.
Ich mache bald meine Abschlussprüfung.
Ich werde meine Abschlussprüfung machen.

b Futur II und Perfekt – Schreiben Sie Sätze mit der gleichen Aussage auf zwei Arten.

1. wir/in Deutschland ankommen/schon/nächsten Montag
2. Zoila/das Examen machen/in vier Jahren
3. Natascha/einen Ferienjob finden/bis Ende der Woche
4. Jim/neue Freunde kennenlernen/in ein paar Monaten

Nächsten Montag werden wir schon in Deutschland angekommen sein.
Nächsten Montag sind wir schon in Deutschland angekommen.

4 **Neue Arbeitswelten**

Wortfamilien – Ergänzen Sie die fehlenden Wörter. Es gibt zum Teil verschiedene Möglichkeiten.

Adjektiv	Nomen	Verb
X		strukturieren
wissentlich		
	die Regel	
wandelbar		
X		ausbilden
technologisch		X
		wirtschaften
klar		
	die Information	
		problematisieren

5 **Denglisch (Deutsch und Englisch)**

a **Wie könnte man das ohne englische Wörter sagen?**

1. Das ist eine **stylishe** Hose.
2. Der Flug wurde **gecancelt**.
3. Ich habe das Programm **downgeloadet**.
4. Die Musik ist echt **cool**.
5. Ich habe morgen ein **Date** mit Maria.
6. Du musst deine **Harddisk** neu formatieren, sonst **crasht** dir der Computer immer wieder.

Das ist eine modische Hose.

b **Wenn man genau hinsieht, kann man in einer Sprache oft Wörter entdecken, die man aus einer anderen schon kennt. Das hilft beim Verstehen. Welche deutschen Wörter finden Sie in diesen englischen Wörtern? Kennen Sie noch mehr Beispiele?**

-ize	-y	-le	einzelne Buchstaben sind anders
motorize	biology	article	class
centralize	family	flexible	method
modernize	battery	title	angel

6 **Wie soll meine Arbeit sein?**

CD 24   Hören Sie den Vortrag. Welche Stichworte aus der Vorlage hat die Sprecherin verwendet? Markieren Sie.

Anerkennung	Motivation/Zufriedenheit	Karriere
Geld	**Arbeit**	Gesundheit
Glück	Familie	Selbstständigkeit

Überblick

Über Grafiken sprechen

Es wurden Menschen zwischen … und … Jahren befragt.
Zum Dienstleistungsbereich gehören …

Texte zum Thema „Arbeitswelt" verstehen

Niemand weiß genau, ob das Studium ausreichend für den Job qualifiziert.
Im Moment reicht die Anzahl der Studenten bei weitem nicht aus.
Insbesondere Frauen haben beste Berufschancen, wenn sie sich für … entscheiden.
Biologen haben schlechtere Karten.
Flexibilität und Teamfähigkeit sind Schlüsselwörter.
In vielen Unternehmen nimmt die Internationalisierung zu.
Daraus ergeben sich viel Chancen.
Um die richtige Wahl zu treffen muss man …

Über Zukunftstrends und -pläne sprechen

Im Trend liegen Studiengänge mit gemischten Qualifikationen.
In den kommenden Jahren werden nur wenige Stellen frei.
Ich studiere voraussichtlich Mathematik.
Im Oktober wird er anfangen zu studieren.
In fünf Jahren wird er sein Examen gemacht haben.

Nützliche Ausdrücke

der Text informiert über / handelt von
einige Beispiele anführen
der Text führt aus
am Ende betont der Autor
das Abitur / den Job in der Tasche haben

die Zukunft angehen
beste Voraussetzungen haben
(keine) Probleme bekommen
ein breites Angebot an Möglichkeiten
die Fähigkeiten und Neigungen berücksichtigen

Grammatik kurz und bündig

1 Über die Zukunft sprechen: Futur I und Präsens

Im Deutschen kann man auf viele Arten klar machen, dass man über die Zukunft spricht.

Ich studiere **ab Sommer** Physik.	Präsens + Zeitangabe
Ich studiere **voraussichtlich** an der ETH in Zürich.	Präsens + Adverb
Ich **werde** aber nicht in Zürich **wohnen**.	Futur I

2 Über Abgeschlossenes in der Zukunft sprechen: Futur II und Perfekt

Mit dem Futur II kann man klar machen, dass etwas zu einem bestimmten Zeitpunkt in der Zukunft bereits geschehen ist. Meistens kann man statt des Futur II auch das Perfekt benutzen.

In fünf Jahren **wird** Ralf fertig **studiert haben**.	Futur II
In fünf Jahren hat er fertig studiert.	Perfekt
Übermorgen **wird** Tim seine Präsentation schon **gehalten haben**.	Futur II
Übermorgen hat er seine Präsentation schon gehalten.	Perfekt

Training 4

WORTSCHATZ TRAINIEREN

1 Wortbildung

Adjektivsuffixe: *-los, -voll, -arm, -reich* – Lesen Sie die Beispiele und ergänzen Sie die Sätze mit den passenden Adjektiven in der richtigen Form.

-los = ohne etwas / etwas nicht haben	-voll = viel von etwas
sorg(en)los = ohne Sorgen	sorgenvoll = mit vielen Sorgen
-arm = wenig von etwas	-reich = viel von etwas
fettarm = mit wenig Fett	fettreich = mit viel Fett

hoffnungsvoll • vitaminreich • arbeitsreich • grauenvoll • kontaktarm • arbeitslos • kinderreich • hoffnungslos • fettarm • sorglos

1. Er ist seit zwei Monaten .... Er sucht jeden Tag nach Arbeit.

2. Er ist ganz .... , dass er bald wieder einen Job hat.

3. Kinder brauchen eine .... Ernährung.

4. Mein Onkel hat es am Herz, deshalb muss er .... essen.

5. Früher waren die Familien .... Fünf Kinder war normal.

6. Sein Leben war .... Er hat bis zum 70. Lebensjahr gearbeitet.

7. Es ist .... Die Adjektivdeklination lerne ich nie.

8. Diese Musik ist ja .... ! Kannst du sie bitte leiser machen.

9. Sie lebt immer völlig .... in den Tag hinein, als ob sie keine Probleme hätte.

10. Dabei ist sie eigentlich ziemlich .... Sie hat fast nur Internetfreunde.

2 Verben und Nomen

Wie heißen die Nomen zu diesen Verben? Kontrollieren Sie mit dem Wörterbuch.
Markieren Sie auch den Wortakzent.

buchstabieren	*der Buchstabe*	organisieren	....	gratulieren	....
diktieren	....	trainieren	....	funktionieren	....
notieren	....	variieren	....	profitieren	....
nummerieren	....	strukturieren	....	engagieren	....
korrigieren	....	faszinieren	*die Faszination*	reparieren	....
formulieren	....	porträtieren	....	transportieren	....
diskutieren	....	fotografieren	....	produzieren	....
informieren	....	irritieren	....	imitieren	....
studieren	....	interessieren	....	qualifizieren	....
markieren	....				

3 Wortfelder

a Formen – Schreiben Sie die Wörter zu den Bildern.

das Fünfeck ....

b Ordnen Sie die Wörter zu (Nomen mit Artikel). Einige passen auch in beide Felder. Ergänzen Sie weitere Wörter und vergleichen Sie im Unterricht.

LITERATUR/ THEATER

Akt • Dichter • Drama • Gedicht • hören • Instrument • Komödie • komponieren • Komponistin • lesen • Lied • Melodie • Musical • Oper • Orchester • Reim • Rhythmus • rhythmisch • Roman • Sängerin • Schauspieler • schreiben • Schriftstellerin • sehen • Sinfonie • singen • spielen • Stück • Text • Ton • Vorstellung • zuhören • zuschauen

MUSIK

der Akt

zuhören   *der Akt*

c Ergänzen Sie die Sätze mit Wörtern aus 2a in der richtigen Form.

1. Eine .... muss man auf der Bühne sehen und hören, sonst hat man nicht so viel davon.
2. Der berühmteste .... des Nobelpreisträgers Thomas Mann heißt „Die Buddenbrocks".
3. Cornelia Funke ist heute eine der berühmtesten deutschen .... Sie hat „Tintenherz" geschrieben.
4. Die meisten Leute lieben .... im Theater oder Kino, weil sie gerne lachen.
5. Wenn ein schlechtes .... klassische Musik spielt, ist das grauenvoll.
6. .... auswendig zu lernen kann schön sein und es trainiert das Gedächtnis.

4 Die kleinen Wörter

a Ergänzen Sie die Sätze mit *dann, erst, nur*.

1. .... hatte ich .... Husten, aber .... habe auch Fieber bekommen.
2. Sie müssen .... das Formular ausfüllen und .... kommen Sie zu mir.
3. Ich musste heute .... 20 Minuten beim Arzt warten. So schnell war ich noch nie.
4. Gestern kam ich .... nach zwei Stunden dran.

b Ergänzen Sie die Sätze mit *beim ersten Mal, zum ersten Mal*.

1. Können Sie mir helfen, ich bin heute .... hier im Fitnesscenter?
2. Selbstverständlich helfe ich Ihnen, ich habe .... auch Hilfe gebraucht.
3. Als ich .... Mal im Theater war, war das ein tolles Erlebnis.
4. Auch Tanzen muss man üben, denn .... ist alles schwierig.

5 Wörter leichter lernen

Trainieren Sie mit Texten aus dem Buch, aus Zeitungen oder aus dem Internet.

Kopieren Sie einen Text. Klären Sie alle unbekannten Wörter. Löschen Sie dann so viele halbe oder ganze Wörter, wie sie wollen (aber nicht mehr als jedes zweite). Versuchen Sie nach ein paar Tagen, die Wörter wieder zu ergänzen. Kontrollieren Sie mit dem Original.

Helfen   gut auch   , der hilft.   anderen   tut, lebt   und sogar   . Das hat der   Allan Luks bei   von freiwilligen   herausgefunden. Unmittelbar   sie anderen   geholfen haben, verspürten die   eine Woge   Gefühle, die Luks

Training 4

STRUKTUREN TRAINIEREN

6 Wörter und Texte

Eine ausländische Freundin bittet Sie darum, einen Brief zu korrigieren, da Sie besser Deutsch können.

Fehler im Wort: Schreiben Sie die richtige Form an den Rand (Beispiel 01).
Fehler in der Satzstellung: Schreiben Sie das falsch platzierte Wort an den Rand, zusammen mit dem Wort, mit dem es vorkommen soll (Beispiel 02).

Bitte beachten Sie: Es gibt immer nur einen Fehler pro Zeile.

Sehr geehrten Damen und Herren,	01. *geehrte* ....
im Sommer nächsten Jahres wir möchten während	02. *möchten wir* ....
einer Europareise auch in der Schweiz fahren und	1. ....
zwei Wochen im Wallis verbringen. Wir wären Sie	2. ....
dankbar, ob Sie uns dafür Informationen zuschicken könnten,	3. ....
damit wir unseren Aufenthalt im Voraus können planen.	4. ....
Wir möchten gerne in Hotels der mittleren Preisklasse übernachten.	
Könnten Sie uns Adressen auf geeigneten Hotels schicken?	5. ....
Wir sind erfahrener Mountainbike-Fahrer und möchten gerne interessante	6. ....
Touren machen. Könnten Sie mich Adressen von	7. ....
Mietstationen geben, von die aus man anspruchsvolle	8. ....
Bergtouren kann machen?	9. ....
Selbstverständlich möchten wir auch auf das Matterhorn steigen und würden gerne	
sowohl ein Hotelzimmer in Zermatt oder auch einen Bergführer buchen.	10. ....
Mit bestem Dank im Voraus und freundlichen Grüßen	
Kim Binna	

7 Partizip II

a Schreiben Sie die Partizip-II-Formen.

informieren • benötigen • sich erholen • erreichen • vorhersagen • sich qualifizieren • sich entscheiden • sich entwickeln • verbinden • sich auswirken • zunehmen • sich ergeben • gehören • berücksichtigen • anfangen • ausreichen

Sie kennen einige Verben nicht? Im Schülerbuch auf S. 69 kommen alle vor.

informiert

b Regeln zum Partizip II – Ergänzen Sie die Regeln mit den vorgegebenen Elementen.

und mit der Endung *-t.* • zwischen Präfix und Verb. • ohne *ge-*. • ohne *ge-*

Bei trennbaren Verben kommt das *-ge-* ....

Bei den Präfixen *be-, emp-, ent-, er-, ge-, miss-, ver-* und *zer-* bildet man das Partizip II

....

Bei den Verben auf *-ieren* bildet man das Partizip II ....

8

Passivsätze – Büros heute und früher

a Heute – Schreiben Sie Sätze im Passiv Präsens.

1. E-Mails checken
2. E-Mails schreiben
3. Dateien öffnen und bearbeiten
4. Informationen aus dem Internet herunterladen
5. Informationen auf die Homepage stellen
6. die Homepage aktualisieren
7. neue Software installieren
8. Meetings machen
9. Berichte schreiben
10. neue Kollegen einarbeiten
11. Präsentationen vorbereiten
12. Kaffee trinken

1. Heute werden E-Mails gecheckt.

b Früher – Schreiben Sie Sätze im Passiv Präteritum.

1. Briefe öffnen
2. Briefe mit der Schreibmaschine schreiben
3. Prospekte und Werbematerialien erstellen
4. alle Papiere in Aktenordner einsortieren
5. Besprechungen machen
6. neue Kollegen einarbeiten
7. Reden schreiben
8. Kaffee trinken

1. Früher wurden Briefe geöffnet.

c Wortstellung – Vergleichen Sie früher und heute. Schreiben Sie Sätze wie im Beispiel.

früher keine E-Mails checken • früher keine Homepages aktualisieren • früher keine neue Software installieren • heute keine Briefe mit der Schreibmaschine schreiben • heute nicht alle Papiere in Aktenordner einsortieren • früher und heute neue Kollegen einarbeiten • früher und heute Kaffee trinken

1. Es ist doch klar, dass früher keine E-Mails gecheckt wurden, es gab ja noch keine Computer.

2. Es ist doch klar, dass …

9

Zweiteilige Konjunktionen

Verbinden Sie die Sätze mit *weder … noch* oder *sowohl … als auch.*

1. Das Engagement ist für Schüler vorteilhaft. Es ist auch für Studenten vorteilhaft.
2. Es gibt Menschen, die nicht sprechen können. Sie können sich (auch) nicht bewegen.
3. Das Kunstwerk gefällt Kindern. Es gefällt auch älteren Menschen.
4. Das Kunstwerk kann man nicht in einem Museum sehen. Man kann es (auch) nicht kaufen.

Das Engagement ist sowohl …

10

Satzbau – Ordnen Sie die Sätze.

Kontinutität

1. Die Skulptur von Max Bill, / seit 1986 / in Frankfurt am Main / trägt / den Titel „Kontinuität" / die / steht, /.
2. Ich / sie / als / ich / habe / bei meiner Gastfamilie in Deutschland / gesehen, / war /.
3. Die Skulptur / zwischen vielen hohen Bankgebäuden / im Zentrum von Frankfurt / steht /.
4. Man / ist / glauben, / dass / sie / aus einem weichen Material / könnte / hergestellt /.
5. Tatsächlich / aber / ist / aus einem Granitblock* / hergestellt, / sie / der / mit einem von Italien nach Frankfurt / gebracht / speziellen Transportfahrzeug / worden / ist /.
6. Die Form / für Geometrie interessieren / auf / mich, / als ob / sich / wirkt / der Künstler / würde /.
7. Mir / die Skulptur, / weil / von allen Seiten / sie / gefällt / aussieht / immer wieder anders und interessant /.
8. Ich / sie / gerne / mitgebracht, / hätte / circa 80 Tonnen / aber wiegt / sie /.

Max Bill: Kontinuität

Granit ist ein besonders harter Stein.

① Wortschatzarbeit

a   Abkürzungen im einsprachigen Wörterbuch. Ordnen Sie zu.

~~od.~~	bes.	o. Ä.	bzw.	etw.	usw.	jmd.	ugs.	südd.
e-r		nordd.	e-s	e-e	z. B.	mst.	(A)	(CH)	(D)

oder   *od.*   zum Beispiel ....   besonders   ....

oder Ähnliche(s) ....   meist ....   süddeutscher Sprachgebrauch ....

etwas ....   einer ....   norddeutscher Sprachgebrauch ....

beziehungsweise ....   eines ....   österreichischer Sprachgebrauch ....

und so weiter ....   eine ....   schweizerischer Sprachgebrauch ....

umgangssprachlich ....   jemand ....   in Deutschland gebräuchlich ....

b   Deklination von *man* – Ergänzen Sie die richtige Form.

1. Ein Feind ist eine Person, die .... nicht mag und meistens mag sie .... auch nicht.

2. Ein Bekannter ist ein Mensch, den .... nur oberflächlich kennt.

3. Ein Verwandter ist ein Mensch, der mit .... verwandt ist.

4. In den Alpen kann .... gut Ski fahren, an der Ostsee kann .... gut segeln.

5. .... mit einer guten Aussprache kann man gut verstehen.

6. Wenn man ins Ausland geht, muss man sich an das Leben dort anpassen und manchmal kann man nicht das essen, was .... schmeckt.

7. Das macht doch keinen Spaß. Da kann .... ja die Lust vergehen.

8. Das ist vielleicht ein Chaos! Wie soll .... sich da zurechtfinden?

② Magazintext zu wissenschaftlichen Untersuchungen

a   Ordnen Sie die Wörter den Definitionen zu.

wirksam • etwas vermeiden • anziehend • die Chemie stimmt • einleuchten • sich auf jemanden/etwas verlassen • tragfähig • äußerst • sich geben

1. Stark genug sein, um ein größeres Gewicht tragen zu können; im übertragenen Sinn: stark, um Probleme aushalten zu können. Der Ast ist

   ....

2. Sicher sein, dass jemand/etwas für einen da ist.

   ....

3. Wenn die Beziehung zwischen zwei Menschen gut ist.

   ....

4. Jemand/Etwas ist attraktiv.

   ....

5. Etwas erscheint logisch und verständlich.

   ....

6. sehr, extrem (wird verwendet, um ein Adjektiv zu verstärken)

   ....

7. Etwas hat den gewünschten Effekt, das gewünschte Resultat.

   ....

8. Durch sein Verhalten einen bestimmten Eindruck machen.

   ....

9. Etwas umgehen, etwas tun, damit etwas anderes (meistens etwas Negatives) nicht passiert.

   ....

b Setzen Sie Wörter aus 2a in der richtigen Form ein.

1. Anna ist meine beste Freundin. Auf sie kann ich mich in jeder Situation ....

2. Warum muss ich diese vielen Formulare ausfüllen? Das .... mir einfach nicht ....

3. In unserem Team gibt es ein großes Problem. Die Situation ist .... kompliziert. Man muss vorsichtig sein mit dem, was man sagt, sonst kriegt man sofort Ärger.

4. Viele natürliche Heilmittel sind genauso .... wie teure Medikamente.

5. Wir haben lange verhandelt, aber jetzt haben wir einen .... Kompromiss gefunden.

6. Er hat zwar scharf gebremst, aber den Unfall konnte er nicht mehr ....

7. Sie .... sich vor Ihrem Auftritt ganz cool, aber eigentlich war sie super nervös.

c Ergänzen Sie die Adjektive oder Nomen (mit Artikel) und markieren Sie den Wortakzent. Arbeiten Sie mit dem Wörterbuch.

Nomen	Adjektiv
die Sympathie	*sympathisch*
	offen
das Vertrauen	
die Gleichgültigkeit	
der Erfolg	
	schwach
die Verletzlichkeit	
	gemeinsam
	schwierig
	solidarisch
	emotional

d Schreiben Sie Sätze mit *je ... desto*.

1. Wir sind offen. – Es ist leicht, partnerschaftliche Beziehungen zu vertiefen.

2. Wir entdecken viele Gemeinsamkeiten. – Es ist wahrscheinlich, dass wir uns sympathisch sind.

3. Die räumliche Nähe ist groß. – Es kommt leicht zu spontaner Kommunikation.

4. Wir kämpfen uns viel gemeinsam durch Schwierigkeiten. – Emotionale Barrieren werden gut abgebaut.

Je offener wir sind, desto ...

3 **Eine Stellungnahme**

CD 25–28 Sie hören gleich vier Aussagen von Schülern zum Thema „Gruppenarbeit". Entscheiden Sie beim Hören, welche der Aussagen A–F zu welchem Schüler passt. Zwei Aussagen bleiben übrig.

Schüler

A Ich finde, dass Gruppenarbeit oft nicht so effektiv ist.   ☐1 ☐2 ☐3 ☐4

B Gruppenarbeit finde ich immer besser, als alleine an einem Problem zu sitzen.   ☐1 ☐2 ☐3 ☐4

C Man muss sich gut verstehen, damit man erfolgreich zusammenarbeiten kann.   ☐1 ☐2 ☐3 ☐4

D In großen Gruppen kann man nicht gut arbeiten.   ☐1 ☐2 ☐3 ☐4

E Bei einer Gruppenarbeit ist es wichtig, dass alle dasselbe Niveau haben.   ☐1 ☐2 ☐3 ☐4

F Manchmal ist es besser, nicht mit seinen guten Freunden zusammen in einer Gruppe zu sein.   ☐1 ☐2 ☐3 ☐4

4 **Heiraten mit 21**

a Beschreiben Sie die Grafik und schreiben Sie Vermutungen über die Gründe der dargestellten Veränderung.

Die mir vorliegende Grafik zeigt das durch-
schnittliche Alter, in dem Deutsche geheiratet
haben. Die Daten, auf der die Grafik beruht,
stammen vom Statistischen Bundesamt.

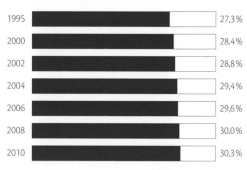

Durchschnittliches Heiratsalter lediger Frauen in Deutschland 1995–2010

Jahr	Alter
1995	27,3%
2000	28,4%
2002	28,8%
2004	29,4%
2006	29,6%
2008	30,0%
2010	30,3%

Quelle: Statist. Bundesamt 2011

b Worauf bezieht sich das *es*? Unterstreichen Sie den Satz oder den Satzteil. Es gibt nicht immer einen Bezug.

1. Wie geht es deiner Schwester? – Nicht so gut, ihr Bein ist gebrochen. Es tut ziemlich weh.

2. Möchtest du das Wörterbuch? Ich brauche es nicht mehr.

3. Es ist nicht so angenehm, dass wir hier ohne Klimaanlage arbeiten müssen.

4. Sollen wir morgen in die Alpen fahren und klettern? – Ja, ich finde, es ist eine gute Idee. Morgen soll es schön werden.

5. Kommt er morgen? – Ich weiß es nicht. Es kommt darauf an, ob es ihm wieder besser geht.

6. In unserem Arbeitsteam kommt es immer wieder zu Problemen.

5 **Friedrich Schiller**

Ergänzen Sie den biografischen Text über Friedrich Schiller.

Dort • Nach Abschluss • Das • In seinen Werken • Seine Familie • Dort

Friedrich Schiller war Dichter, Philosoph und Historiker und gilt als der größte deutsche Dramatiker. Er ist am 10. November 1759 in Marbach am Neckar in Süddeutschland geboren. .... gehörte zum Bürgertum, sein Vater war Arzt beim Herzog Carl Eugen in Württemberg. Schiller ging zunächst auf die Lateinschule und dann auf den Befehl des Herzogs und gegen den Willen seiner Eltern auf die Militärakademie in Stuttgart, die von militärischem Drill geprägt war.

.... studierte er zunächst Jura und dann Medizin und las gleichzeitig die Werke von Plutarch, Shakespeare, Rousseau, Voltaire und Goethe. Heimlich schrieb er in dieser Zeit an seinem ersten Theaterstück, „Die Räuber". Er hatte bereits mit 13 Jahren erste Theaterstücke geschrieben, die aber nicht erhalten geblieben sind. .... seines Studiums bat er um Entlassung aus dem Militärdienst, die ihm auch gewährt wurde. Allerdings durfte er, da er Militär-arzt war die Stadt nicht verlassen und war dem strengen Regime von Herzog Carl Eugen unterworfen, der nicht wollte, dass Schiller schriftstellerisch tätig war. .... konnte Schiller nicht ertragen und er floh aus seiner Heimat in das liberalere Mannheim und dann nach Frankfurt am Main. 1787 reiste Schiller nach Weimar. .... traf er zum ersten Mal mit Goethe zusammen, mit dem ihn eine lebenslange Freundschaft verband.

.... hat sich Schiller mit einer großen Vielfalt von Themen auseinandergesetzt. Er schrieb Theaterstücke, Gedichte, Texte über Ästhetik und verfasste geschichtliche und geschichtsphilosophische Schriften. Er interessierte sich auch für die aktuelle Politik, begeisterte sich für die Ideale der Französischen Revolution und verfolgte die Ereignisse in Amerika. Von dem Terrorregime, in das die Französische Revolution zeitweise mündete, wandte er sich jedoch entsetzt ab.

Überblick

Über verschiedene Formen der Partnerschaft sprechen

Zuverlässigkeit und Vertrauen sind wichtig für eine Partnerschaft.
Es gibt verschiedene Formen von Partnerschaft: Spielpartner, Lernpartner, Geschäftspartner …
Sie macht einen Unterschied zwischen einer einfachen Beziehung und einer Ehe.
In Deutschland ist es ungewöhnlich, jung zu heiraten.

Texte zum Thema „Partnerschaft" verstehen

Psychologen haben zwischenmenschliche Beziehungen untersucht und vier Merkmale festgestellt, die für die Entwicklung einer tragfähigen Beziehung wichtig sind.
Die Mitglieder einer Gruppe müssen sich vertrauensvoll aufeinander verlassen können.
Offenheit wirkt auf die meisten Menschen anziehend.
Wenn wir unsere Verletzlichkeit zeigen, gehen wir ein Risiko ein.
Vertrauen stärkt und vertieft eine partnerschaftliche Beziehung.
Bei räumlicher Nähe kommt es häufiger zu spontaner Kommunikation.
Wenn man sich gemeinsam durch Schwierigkeiten kämpfen muss, dann empfindet man ein Gefühl der Solidarität.

Nützliche Ausdrücke

eine Beziehung aufbauen
Gemeinsamkeiten entdecken
zu einer Gruppe gehören
Die Chemie stimmt.
sich etwas zunutze machen

Geteiltes Leid ist halbes Leid.
Gleich und gleich gesellt sich gern.
sich verletzlich und offen geben
etwas über elektronische Kontakte abwickeln
emotionale Barrieren abbauen

Grammatik kurz und bündig

1 Das Pronomen es

es in festen Ausdrücken
Im Text geht es um das Heiratsalter in Deutschland.
Es kommt darauf an, eine zuverlässige Partnerschaft aufzubauen.

Das es hat keine eigene Bedeutung.

es vor dem Nebensatz und für den Nebensatz

Es ist eine Tatsache, **dass jede zweite Ehe geschieden wird**.
Dass jede zweite Ehe geschieden wird, ist eine Tatsache.

es als Pronomen
Ich brauche **das Buch**. Gibst du **es** mir bitte?

2 Das Pronomen *man*

Ein Partner ist ein Mensch, …
N   dem **man** vertrauen kann.
A   der **einen** gut kennt.
D   der **einem** hilft.

Bei diesen Ausdrücken kann das *es* nicht entfallen.

Im Text geht es um …
Im Text geht es darum, dass …
Es handelt sich um …
Es handelt sich darum, dass …
Es kommt darauf an …
Es kommt darauf an, ob/wie/dass …
Es gibt …
Es kommt zu …
Wie geht es dir/Ihnen?
Mir geht es gut.

Wetterwörter
Es regnet/schneit.
Es ist windig.
Es ist kalt/warm/heiß.
Es wird morgen kälter/wärmer …

1   Wintersport

a   Ordnen Sie die Sportarten den Bildern zu.

1. Schlitten fahren/rodeln
2. Eishockey
3. Eisschnelllauf
4. Abfahrtski
5. Langlauf
6. Eiskunstlauf

b   Was wird in Ihrem Land viel, wenig, überhaupt nicht gemacht? Schreiben Sie Sätze wie im Beispiel.

In ... wird im Winter wenig Schlitten gefahren.

2   Auf dem Foto sieht man ...

CD 29   Ergänzen Sie den Text, hören Sie zur Kontrolle und vergleichen Sie mit dem Bild im Schülerbuch.

im Vordergrund • Wahrscheinlich • Im Hintergrund • sieht so aus, als ob • Auf der rechten Seite • glaube • auf meinem Foto • scheinen • würde gerne auch einmal • Rechts

Also, ... sieht man .... viele Menschen. Sie sind warm angezogen und haben Skier an den Füßen. Sie stehen in einer Schlange und .... alle auf etwas zu warten. .... sieht man in Blau die Talstation von einem Skilift. .... kann man noch ein Stück von der Piste sehen. .... neben der Piste ist ein Wald. Ich glaube, es ist ein Tannenwald. Auf der Piste kann man einen kleinen Skilift sehen. Er .... nur zwei Personen hineinpassen würden. .... gibt es zu wenig Skilifte und die Leute müssen deshalb so lange warten. Ich .... Ski fahren. Aber ich finde es nicht so interessant, wenn man so lange am Skilift in der Kälte stehen und warten muss. Ich .... , dass ich dann schnell frieren würde und genervt wäre.

3   Tourismus als Wirtschaftsfaktor

a   Schreiben Sie die Wörter zu 1–9.

weit	welt	säch	De	vi	sen	ge	Er	ze	ring	se	gleichs
hal	ver	wei	haupt	ins	trag	Spit	lich	nach	ge	samt	tig

1. der finanzielle Gewinn, den man aus geschäftlichen Unternehmungen bekommt: ....
2. auf der ganzen Welt vorhanden, die ganze Welt betreffend: ....
3. vorwiegend, vor allem: ....
4. Geld in ausländischer Währung: .... (Pl.)
5. so, dass alles mitgezählt ist, alles zusammen ist: ....
6. von spürbarer und langer Wirkung: ....
7. im Vergleich mit etwas/jemand anderem: ....
8. klein, unerheblich, wenig intensiv, niedrig: ....
9. an erster Stelle = an der ....

b Zahlen üben. Welche Zahl hören Sie? Kreuzen Sie an.

a	b	c	d	e
31,5 %	+ 19,7 %	69 Ct	1657 €	1,35 Mio.
35,1 %	− 19,7 %	96 Ct	1675 €	1,35 Mrd.

4 Passiv

a Schreiben Sie Sätze im Passiv Präsens oder Präteritum.

1. Man machte viele Grammatikübungen.
2. Man schrieb viele Aufsätze.
3. Man wiederholte viele Themen.
4. Man las viele Texte.
5. Man hörte viele Interviews.

6. Dann machte man Prüfung.
7. Nach der Prüfung hört man wieder viel Musik.
8. Man liest wieder interessante Bücher.
9. Man sieht wieder spannende Filme.
10. Man besucht wieder die Disco.

b Antworten Sie im Passiv Perfekt wie im Beispiel. Vergleichen Sie im Unterricht.

1. Ist die Tür zu?
2. Ist das Fenster offen?
3. Ist der Brief fertig?
4. Ist das Essen fertig?

5. Ist das Zimmer sauber?
6. Ist das Zimmer ordentlich?
7. Funktioniert die Rolltreppe wieder?
8. Ist dein Handy aufgeladen?

1. Ja, sie ist schon geschlossen worden.

c Ordnen Sie zu und schreiben Sie dann Sätze im Passiv Perfekt.

1. immer mehr in den Naturtourismus
2. neue Märkte in osteuropäischen Ländern
3. die bestehenden Märkte
4. im Wintertourismus große Gewinne
5. große Beträge im Skitourismus
6. die Mittel sinnvoll

a) einsetzen
b) pflegen
c) erwirtschaften
d) erschließen
e) investieren
f) umsetzen

In den Naturtourismus ist immer mehr investiert worden.

5 Tourismus in Ihrem Land

Im Text sind 10 Fehler: 5x Verbform, 5x Endungen (von Adjektiven oder Nomen). Korrigieren Sie.

Die deutsche Nordseeküste in Schleswig-Holstein ist in den letzten Jahre von knapp 2 Mio. Urlaubsgästen und 16 Mio. Tagesausflügler besucht worden.
Der Tourismus zählt zu den wichtigsten Wirtschaftszweigen im nördlichstes Bundesland Deutschlands. Laut Schätzungen betragen der Umsatz mehr als 7 Mio. Euro. Damit sein der Tourismus an der deutschen Nordseeküste und besonders auf den Inseln in der Nordsee ein wichtiger Wirtschaftsfaktor. Der Trend geht zu anspruchsvoll Angeboten und zu Aktiv-Urlaub. Das Angebot an hochwertigen Hotels und Restaurants ist in den letzten Jahren und Jahrzehnten immer weiter verbessert geworden. Viele Hotel bieten auch Gesundheits- und Wellnessurlaube an. Die Freizeitmöglichkeiten geht vom klassischen Fahrradfahren auf über 350 Kilometern Radwegen bis hin zu Beach-Volleyball oder Beach-Soccer, Reiten, Golf oder anderen Trendsportarten wie Kiten. Auch der Naturtourismus mit geführten Wanderungen im Weltkulturerbe, dem Nationalpark Wattenmeer, gehört zu den beliebte Attraktionen.

6   **Reisemagazin: Sanfter Tourismus – eine interessante Alternative?**

a   **Ordnen Sie die Redemittel in die passende Kategorie.**

---

1. Außerdem…   2. Da bin ich ganz anderer Auffassung. Man kann doch nicht …

   3. Da muss ich dir/Ihnen aber widersprechen.   4. Das ist nicht richtig.

5. Ein weiterer Punkt / ein weiteres Argument ist doch …

          6. Entschuldigung, ich bin noch nicht fertig, ich möchte noch ergänzen, dass …

7. Ich bin der Meinung, dass man …   8. Ich sehe das (ganz) anders.

   9. Lassen Sie mich/Herrn/Frau … bitte ausreden.   10. Meiner Meinung nach …

          11. Vorhin hast du noch behauptet, …

---

die eigene Meinung äußern	widersprechen	weiterreden
		1. Außerdem …

b   **Schreiben Sie die Sätze zu Ende und vergleichen Sie im Unterricht.**

1. Sanfter Tourismus ist meiner Meinung nach einfach langweilig. – Da muss ich Ihnen aber widersprechen. Man kann doch nicht …

2. Jeder sollte machen dürfen, was er möchte. Man sollte keine Vorschriften machen. – Da bin ich ganz anderer Auffassung. Meiner Meinung nach …

3. Vorhin hast du noch behauptet, dass du es nicht wichtig findest, die Natur zu schützen. – Das ist nicht ganz richtig. Ich bin der Meinung, dass ….

c   **Lesen Sie die Werbeanzeige und die Situation. Schreiben Sie einen formellen Beschwerdebrief.**

Skifahren, Snowboarden und Skiwandern

Das **Skihotel Almdorf** bietet Ferienspaß für die ganze Familie:

- Pisten für Anfänger und Könner
- Skikindergarten
- Zeitmessstrecke für Snowboarder und Skifahrer
- geführte Schneeschuhwanderungen und Naturbeobachtung.

Entspannen Sie sich in unserem Wellness-Hotel, genießen Sie die österreichischen Spezialitäten in unserem Restaurant und erleben Sie die fantastische Berglandschaft.

Eine Woche Halbpension schon ab   **499,- €**
www.skihotelalmdorf.de

Sie haben im Skihotel Almdorf Urlaub gemacht und sind sehr enttäuscht. Die Pisten waren schlecht gepflegt, die Zeitmessstrecke gerade in Reparatur und die geführten Wanderungen fielen wegen Krankheit des Wanderführers aus. Außerdem war es laut und das Essen nicht gut.

Schreiben Sie einen Beschwerdebrief an die Hotelleitung. Ihr Brief sollte mindestens zwei der folgenden Punkte und einen weiteren Aspekt enthalten:

- Fordern Sie einen Teil Ihres Geldes zurück.
- Ihre Erwartungen nach Lektüre der Werbeanzeige
- Grund des Schreibens
- Beispiele für Ihre schlechten Erfahrungen im Hotel

Überblick

Einen Kurzvortrag über ein Foto halten

Auf meinem Foto/Bild sieht man …
im Hintergrund / im Vordergrund / in der Mitte / mitten im Foto/Bild …
… sieht so aus, als ob …
Das wird wohl …
Er/Sie scheint … zu …
Ich stelle mir vor, dass …
Ich habe mal gehört, dass …
Ich habe zwar keine Erfahrung mit dieser Situation, aber ich kann mir vorstellen, dass …

Einen Text über die wirtschaftlichen Aspekte des Tourismus verstehen

Der Trend geht zum qualitativ hochwertigen Tourismus.
Die Hälfte der bundesweiten Erträge wurde in Tirol erwirtschaftet.
Im letzten Winter wurde in Tirol über eine Milliarde Euro umgesetzt.
Das Wachstumspotenzial der bestehenden Märkte ist vergleichsweise gering.
Eine stärkere Internationalisierung ist wichtig.
Neue Gästeschichten werden angesprochen und neue Märkte aufgebaut.
Ungefähr 30 % der Mittel werden in die Onlinevermarktung investiert.

Den Tourismus im eigenen Land vorstellen

Unser Land ist in den letzten Jahren von immer mehr Touristen besucht worden.
Der Tourismus ist in meinem Heimatland ein wichtiger Wirtschaftsfaktor.
Der Trend geht zu hochwertigen Angeboten.
In meiner Heimat ist im Tourismus viel Geld erwirtschaftet worden.
Das Angebot an preisgünstigen Hotels ist verbessert worden.

Ein Radiointerview über sanften Tourismus verstehen

Wir sind passionierte Skifahrer.
Der Trubel in den traditionellen Skigebieten ist uns zu viel geworden.
Bei einer Skitour braucht man keine präparierten Pisten.
Beim Skiwandern kann man sich nicht von einem Lift nach oben bringen lassen.

Nützliche Ausdrücke

Schlange stehen
die idyllische Natur
die zerstörte Natur
Tourismus als Wirtschaftsfaktor

den Erfolg sichern
an der Spitze stehen
im Schnitt … Euro pro Tag
über ein Budget verfügen

Grammatik kurz und bündig

Passiv	
Passiv Präsens	Ein Drittel der Werbemittel **wird** in den sanften Wintertourismus **investiert**.
Passiv Präteritum	Im letzten Winter **wurden** in Tirol 1,34 Mrd. **erwirtschaftet**.
Passiv Perfekt	Knapp die Hälfte der Erträge **ist** in Tirol **erwirtschaftet worden**.

1 **Naturerlebnisse**

a Wortfeld „Landschaft und Wasser" – Sehen Sie die Bilder an und notieren Sie möglichst viele Wörter und Ausdrücke. Vergleichen Sie im Unterricht.

die Insel   der Strand   weiß   im Meer baden

b Haben Sie eine persönliches Erlebnis mit „Wasser"? Schreiben Sie darüber einen kurzen Text.

Mein beeindruckendstes Erlebnis war, als ich einmal auf einem Boot über den Bodensee fuhr.
Plötzlich gab es ein Gewitter. Eben noch war der Himmel blau und der See ruhig und im nächsten
Moment ...

2 **Ein Blogbeitrag**

a Welche Komposita aus dem Schülerbuchtext können Sie mit diesen Wörtern bilden? Ergänzen Sie auch die Artikel.

| Fisch...   Küsten...   Klima...   Lebens...   Meeres... | bestand   unfall   periode   grundlage   wandel   region |
| Lebens...   Müll...   Tanker...   Öl...   Eis...   Hitze... | deponie   bedingung   plattform   strömung   zeit |

b Ergänzen Sie den Text.

Die meisten Menschen kennen vom Meer nur die Badestrände. Diese Str _ _ _ _ sollen sic _ _ _, sauber u _ _ unberührt se _ _.
Um d _ _ Rest küm _ _ _ _ wir u _ _ wenig. D _ _ Meer w _ _ in d _ _ ganzen Gesch _ _ _ _ _ der Mensc _ _ _ _ _ eine
wich _ _ _ _ Nahrungsquelle. D _ _ industrielle Fisc _ _ _ _ _ zerstört ab _ _ die Fischb _ _ _ _ _ _ _. Jetzt wi _ _ die
Landwir _ _ _ _ _ _ _ im Me _ _ _ als Alter _ _ _ _ _ _ empfohlen, ab _ _ für d _ _ Produktion ei _ _ _ Kilos Exp _ _ _ _-Fischs
mu _ _ man vi _ _ Kilo and _ _ _ Fische verfü _ _ _ _.
Die Temperaturver _ _ _ _ _ _ _ _ _ _ des Meerw _ _ _ _ _ _ bedrohen Tier _ _ _ _ _, die si _ _ nicht schn _ _ _ an d _ _
veränderten Lebensbe _ _ _ _ _ _ _ _ _ anpassen kön _ _ _.
Die Me _ _ _ sind au _ _ die grö _ _ _ Mülldeponie d _ _ Welt. Na _ _ wie vor werden Mill _ _ _ _ _ Tonnen vo _ Abwässern
a _ _ der Indu _ _ _ _ _ und d _ _ Großstädten in d _ _ Meere gelei _ _ _.
Seit ca. 3,5 Milli _ _ _ _ _ Jahren gi _ _ es Le _ _ _ im Me _ _, viel län _ _ _ als a _ _ dem Fest _ _ _ _. Das Le _ _ _ hat
Hitzep _ _ _ _ _ _ _ und Eisz _ _ _ _ _, die Versch _ _ _ _ _ _ der Konti _ _ _ _ _ und d _ _ Untergang u _ _ die
Neuent _ _ _ _ _ _ _ von Weltm _ _ _ _ _ überlebt. W _ _ heute pass _ _ _ _, ist ei _ _ Katastrophe für die Menschheit.
Das Leben auf der Erde aber wird weitergehen.

3 ## Verben mit Vorsilben

a Ergänzen Sie die passende Vorsilbe: *er-*, *zer-* oder *miss-*.

1. Die Erde hat sich in den letzten 100 Jahren kontinuierlich .... wärmt.

2. Noch heute werden die einfachsten Regeln zum Umweltschutz .... achtet.

3. Wichtige Maßnahmen zum Umweltschutz werden auf Konferenzen .... redet. Es gibt zu wenig konkretes Handeln.

4. Man muss den Menschen die Notwendigkeit des Energiesparens .... klären.

5. Viele .... verstehen den Umweltschutz als Hilfe für die Natur. Er ist aber Hilfe für die Menschen.

6. Wenn ein biologischer Kreislauf .... bricht, dann braucht er lange, um sich zu regenerieren.

b Ergänzen Sie die Vorsilben *ver-*, *ein-*, *aus-*.

1. Man kann den Computer nicht .... schalten, wenn er keinen Strom hat.

2. Ich kann heute Abend nicht .... gehen. Ich muss noch arbeiten.

3. Mila hat Ron das Problem erklärt, aber er hat es nicht .... standen.

4. Ich habe mein Moped .... kauft und fahre nur noch Fahrrad.

5. Du hast heute schon wieder nicht .... gekauft. Wir haben nichts mehr im Kühlschrank.

6. Wenn du deinen Saft .... getrunken hast dann können wir gehen.

4 ## Im Jahr 2060 – 5 Minuten nach 12?

a **Was hätte man (nicht) tun sollen? Schreiben Sie die Sätze im Konjunktiv II der Vergangenheit.**

1. Elektroautos – bauen – schon vor 30 Jahren – man – sollen

   Man hätte ....

2. nicht so viele Fischereiboote – erlauben – man – haben – sollen

   ....

3. mehr Solaranlagen auf Häusern – installieren – man – haben – sollen

   ....

4. den Strom – teurer – man – haben – sollen – machen

   ....

5. nicht so viele Sorgen – machen – sich – man – haben – sollen

   ....

b **Was hätten Sie als Kind oder Jugendliche/r (nicht) tun sollen? Schreiben sie Beispiele.**

Ich hätte meinen großen Bruder nicht so viel ärgern sollen.

5 ## Stellungnahmen

In der E-Mail sind 10 Fehler (5x Endungen von Artikeln, Adjektiven und Nomen; 5x Wortstellung). Korrigieren Sie.

○ ○ ○

Lieber Adrian,

ich habe dein Blog gelesen. Sicher du mit vielem recht hast, aber ich finde dich sehr pessimistisch. Ich glaube nicht, dass alle so schlimm kommen wird. Die Menschen sind sehr kreativ auch und immer wieder Lösungen für ihre Probleme finden. Natürlich gibt es große Probleme. Aber muss man sehen, dass es auch viel Dinge gibt, die besser geworden sind. Z. B. der Rhein in Deutschland. Da gab es mal fast kein Fische mehr und schwimmen heute die Lachse schon wieder bis nach Basel. Anstatt schwarzzumalen, muss man den Leute mehr Mut machen.

Liebe Grüße
Annalisa

6 **Die Meere müssen geschützt werden – Energiewende**

Schreiben Sie die Sätze als Passivsätze.

1. Man kann die Atomkraftwerke innerhalb von wenigen Jahren abschalten.
2. Man muss mehr alternative Energien produzieren.
3. Man sollte mehr Solarkraftwerke bauen.
4. Man darf aber keine neuen Kohlekraftwerke genehmigen.
5. Vor allem muss man Energie sparen.
6. Man darf keine Energie verschwenden.

> *1. Die Atomkraftwerke können innerhalb ...*

7 **Taten und Täter**

Wer muss was tun? Schreiben Sie die Sätze aus 6 mit dem Handelnden.

1. die Industrie
2. die Stromkonzerne
3. die sonnenreichen Staaten
4. die Regierungen
5. die Bürger und Bürgerinnen
6. die Leute

> *Die Atomkraftwerke können von der Industrie innerhalb von wenigen Jahren abgeschaltet werden.*

8 **Das Dreieck der Nachhaltigkeit**

CD 31 **a** Sie hören einen Vortrag zum Thema „Nachhaltigkeit". Klären Sie vorher folgende Wörter.

Gewinne • Verluste • borgen • hinterlassen • Rückzahlung • Konzept • Dienstleistung

b Lesen Sie jetzt die Aufgaben (1–6). Sie haben dafür zwei Minuten Zeit. Kreuzen Sie beim Hören bei jeder Aufgabe die richtige Lösung an. Hören Sie den Text zweimal.

1. 1992 gab es …
   - [a] eine Konferenz zum Thema „Nachhaltigkeit".
   - [b] einen wichtigen Bericht zur Umwelt.
   - [c] eine neue Regierung.

2. Wir wissen heute, dass …
   - [a] unsere Kinder besser leben werden als wir.
   - [b] wir auch für die zukünftigen Generationen verantwortlich sind.
   - [c] unsere Kinder uns kritisieren werden.

3. „Nachhaltigkeit" bedeutet vor allem, …
   - [a] die Konsequenzen unseres Handelns für die Zukunft zu beachten.
   - [b] weniger zu konsumieren.
   - [c] die Grundbedürfnisse zu befriedigen.

4. Soziale Innovationen …
   - [a] sind das Wichtigste.
   - [b] müssen ökologisch akzeptabel sein.
   - [c] müssen wirtschaftlich sein.

5. „Nachhaltigkeit" betrifft …
   - [a] die Industrieproduktion.
   - [b] das magische Dreieck.
   - [c] alle Bereiche der Gesellschaft.

6. Nachhaltiges „gutes Leben" bedeutet vor allem …
   - [a] besser produzieren.
   - [b] die eigene Persönlichkeit entwickeln. .
   - [c] Umweltfreundlichkeit.

9 **Johann Wolfgang Goethe: Meeresstille**

CD 32 Hören und lesen Sie das Gedicht.

Tiefe Stille herrscht im Wasser
Ohne Regung ruht das Meer
Und bekümmert sieht der Schiffer
Glatte Fläche rings umher.

Keine Luft von keiner Seite!
Todesstille fürchterlich!
In der ungeheuren Weite
Reget keine Welle sich.

Überblick

Einen Blogbeitrag zum Thema „Natur" verstehen

Viel wichtiger für die Zukunft der Meere sind jedoch die Meere jenseits der Strände.
Die industrielle Fischerei zerstört die Fischbestände.
Der Klimawandel verändert die Meeresströmungen, der Meeresspiegel steigt …
Die Temperaturveränderungen des Meerwassers bedrohen ganze Tierarten …
Steigende Temperaturen der Luft und des Wassers führen zum Sterben des Planktons.
Das ist ein katastrophaler Kreislauf, der das ökologische Gleichgewicht zerbricht.
Was ist denn überhaupt eine Naturkatastrophe?
Im Laufe der Jahrmillionen werden sich die Meere voraussichtlich wieder regenerieren.

Sagen, was man hätte tun können

Man hätte die Meere nicht verschmutzen sollen.
Wir hätten weniger/mehr für die Umwelt tun können/müssen.
Die Menschen hätten nicht so viel Müll produzieren dürfen.
Man hätte früher mit dem Energiesparen beginnen müssen/sollen.

Eine Grafik interpretieren

Das Bild besteht aus einem Quadrat, einem … und …
In dem Dreieck sieht man …
An den Seiten des Dreiecks …
Die drei Begriffe stehen für …
Der Titel des Bildes ist …
Wir denken dass …

Nützliche Ausdrücke

etwas als Alternative empfehlen
die Lebensgrundlage(n) bedrohen
im Vergleich zu
steigende/fallende Temperaturen
der CO_2-Anteil erhöht/verringert sich

das Gleichgewicht zerbricht
im Laufe der Zeit/Jahre/Jahrmillionen
es bietet sich eine Chance
ein Problem missverstehen
etwas für sich selbst tun

Grammatik kurz und bündig

1 Passiv mit Modalverben

Man **muss** die Meere **schützen**.
Man **sollte** Energie **sparen**.

Die Meere **müssen ge**schützt **werden**.
Energie **sollte ge**spart **werden**.

2 Ursache und Täter

Die Strände werden	verschmutzt.	
Die Strände werden **durch** Öl	verschmutzt.	Ursache
Die Strände werden **von** einer Ölfirma	verschmutzt.	Täter

WORTSCHATZ TRAINIEREN

1 **Wortbildung**

Ergänzen Sie die passende Vorsilbe: _zer-_ oder _ver-_

zer-   bedeutet oft, dass etwas auseinanderfällt, sich auflöst, kaputtgeht.

ver-   + Adjektive im Komparativ: _ver + größer = vergrößern = größer machen;_ **sich** _vergrößern = größer_ **werden**.

1. In vielen Ländern werden die Wälder ....stört.

2. Die Wüsten haben sich in den letzten Jahrzehnten stark ....größert.

3. Dadurch haben sich die Flächen für die Landwirtschaft ....kleinert.

4. Das Verschwinden der Wälder ist einer der Faktoren, die den Klimawandel ....stärken.

5. Der Schutz der letzten großen Wälder muss deshalb ....bessert werden.

6. Mein kleiner Bruder hat mein Hemd total ....schnitten.

7. Lass die Tablette langsam im Mund ....gehen.

8. Wenn man Sport macht, nimmt man schneller ab und man ....bessert die Kondition.

9. Die Butter ist total ....laufen, weil sie in der Sonne gelegen hat.

b **Umwelt und Tourismus – Schreiben Sie die Komposita.**

das Gleich… • die Aqua… • die Devisen… • die Eis… • die Hitze… • die Jahr… • die Lebens… • die Meeres… • der Meeres… • die Müll… • der National… • die Online… • das Trink… • der Tourismus… • der Tourismus… • der Winter… • das Wachstums… • das Welt…	grundlage • strömung • deponie • kultur • spiegel • gewicht • meer • millionen • periode • zeit • wasser • tourismus • einnahmen • markt • potential • anbieter • vermarktung • park

das Gleichgewicht

2 **Nomen und Verben**

Jeweils ein Verb passt nicht zum Nomen. Markieren Sie.

1.	eine Partnerschaft	pflegen – aufbauen – zerstören – unternehmen
2.	eine Beziehung	gefährden – vermeiden – anstellen – kaputt machen
3.	eine Konferenz	empfinden – abhalten – beginnen – organisieren
4.	Vertrautheit	aufbauen – herstellen – empfinden – buchen
5.	Verletzlichkeit	zeigen – empfinden – ausdrücken – reagieren
6.	eine Wanderung	investieren – planen – machen – absagen
7.	einen Kontakt	bestehen – herstellen – abbrechen – pflegen
8.	eine Reise	planen – buchen – aufbauen – verschenken
9.	Devisen	kaufen – buchen – erwirtschaften – verkaufen
10.	den Tourismus	entwickeln – fördern – verbieten – veröffentlichen
11.	eine Übernachtung	begeistern – reservieren – verkaufen – buchen
12.	den Markt	buchen – beobachten – analysieren – entwickeln

3

Adjektive

Notieren Sie jeweils fünf passende Nomen. Vergleichen Sie im Unterricht.

Was ist für Sie ...?

1   liebenswert ....

2. gemütlich ....

3. umweltfreundlich ....

4. sozial ....

5. ärgerlich ....

6. katastrophal ....

7. spektakulär ....

8. extrem ....

4

Die kleinen Wörter

a   Was passt: *gerade* oder *eben* oder beides? Lesen Sie die Beispiele und ergänzen Sie die Sätze.

–   Ich komme *gerade/eben/gerade eben/eben gerade* vom Arzt. = in diesem Augenblick

–   Muss es *gerade* heute regnen, wo ich eine Radtour machen wollte? = ausgerechnet heute

–   Du musst *eben* mehr aufpassen, dann passiert dir das nicht. = es geht nichts anders

1. Wir kommen .... vom Urlaub zurück.

2. Ich habe .... in den Nachrichten gehört, dass morgen

    ein Schneesturm kommt.

3. .... morgen soll es schneien? Mist! Dann können wir

    die Fahrradtour nicht machen?

4. Wenn es schneit, dann gehen wir .... ins Hallenbad,

    da ist es schön warm.

5. Tina hat sich .... gestern neue Ski gekauft und heute

    liegt kein Schnee mehr.

6. Hallo, Lothar, schön dich zu sehen. Ich wollte dich .... anrufen.

7. Du musst .... mehr lernen, dann hast du auch bessere Noten.

8. Warum muss .... ich wieder in der Küche helfen?

b   Ergänzen Sie die Sätze mit *nun, bald* oder *vor kurzem*.

1. .... sind Ferien. Noch drei Tage Schule, dann werde ich mich mal richtig ausruhen.

2. Ich war .... in Tirol zum Skifahren. Das hat mir gut gefallen.

3. Die Arbeit ist gemacht, ... können wir es uns gemütlich machen.

4. Was ist denn .... schon wieder los? Warum könnt ihr euch nicht mal vertragen?

5. Sergio wird .... umziehen, weil er in Deutschland studieren will.

6. Sergios Schwester hat bis .... Köln studiert und ist dann in die USA gegangen.

7. .... erzähl doch mal. Wie war deine Reise?

8. Meine Reise war toll, ich möchte .... wieder verreisen, in den nächsten Ferien zum Beispiel.

5

Wörter leichter lernen

Nehmen Sie lange Wörter und versuchen Sie, möglichst viele kleine Wörter mit den Buchstaben zu bilden. Sie dürfen jeden Buchstaben nur einmal verwenden. Kontrollieren Sie mit dem Wörterbuch, ob es Ihre Wörter auch gibt.

ist   *Rat*   *T O U R I S M U S V E R M A R K T U N G*   *Mus*   *von*

          er   *Rum*

Deviseneinnahmen · Beziehungsgeschichte · Liebesheirat · Wintersporthotel · Wachstumspotential

Training 5

STRUKTUREN TRAINIEREN

6 Wörter und Texte

Sie erhalten den folgenden Text. Leider ist der rechte Rand unleserlich. Rekonstruieren Sie den Text, indem Sie jeweils das fehlende Wort an den Rand schreiben.

Neue Berufe im Marketing

Heutzutage findet man überall im Alltagsleben Werbung.

der Straße, in Zeitungen, im Fernsehen und Radio. Seit

Jahren kommt auch noch die Werbung im Internet

Neue Möglichkeiten, die Kunden direkt anzusprechen, gibt

insbesondere in den verschiedenen Sozialen Netzwerken. In

Folge sind eine Reihe neuer Marketingberufe

Eine spezielle Ausbildung gibt es für diese Berufe noch

Kommunikationswissenschaften oder ein BWL-Studium

einem Marketingschwerpunkt oder eine Berufsausbildung

Werbekaufmann bzw. Werbekauffrau können eine gute Basis

Viel wichtiger für solche Berufe ist es aber, dass man

in den neuen Medien gut auskennt und weiß, wie

dort Menschen ansprechen kann.

01. *Auf*
02. *einigen*
1. ....
2. ....
3. ....
4. ....
5. ....
6. ....
7. ....
8. ....
9. ....
10. ....

7 Modalverben

a Ergänzen Sie _können_ oder _dürfen_ in der richtigen Form. Manchmal geht beides.

1. Siehst du nicht das Verkehrsschild? Hier .... man nicht rechts abbiegen.

2. Achtung, da liegt ein Baum auf der Straße! Hier .... man nicht rechts abbiegen.

3. In Prüfungen .... man meistens nicht sein eigenes Papier benutzen.

4. Schön, dass Sie gekommen sind, ... ich Ihnen etwas zu trinken anbieten?

5. Früher .... Frauen in der Schweiz nicht wählen. Das .... man sich heute gar nicht mehr vorstellen.

b Ergänzen Sie _müssen_ oder _sollen_ in der richtigen Form. Manchmal geht beides.

1. Der Arzt sagt, ich .... mich schonen. Aber die Prüfung ist nächste Woche. Ich .... arbeiten.

2. Wie war das bei dir zu Hause, ... du als Kind im Haushalt helfen?

3. Wenn du Kopfschmerzen hast, ... du lieber zu Hause bleiben.

4. Frau Müller ist krank, der Chef sagt, du .... sie in der Konferenz vertreten.

8 Temporale Konjunktionen

Schreiben Sie aus 1–8 je einen Satz (Hauptsatz + Nebensatz). Benutzen Sie: _seit, als, bevor, während, nachdem_. Es gibt zum Teil mehrere Möglichkeiten.

1. Er hatte angefangen zu arbeiten. **Von dem Zeitpunkt** an hatte er nur noch wenig Zeit für Skiurlaub.
2. Er hatte ein wichtiges Projekt erfolgreich abgeschlossen. **Danach** hat er Urlaub beantragt.
3. Er konnte in den Urlaub fahren. **Vorher** musste er noch viele Dinge erledigen.
4. Er war in Urlaub. **In der Zeit** wollte er sein Handy ausgeschaltet lassen.
5. Er fuhr auf einer besonders schwierigen Piste. **Da** sah er plötzlich eine tolle Frau.
6. Er hatte die Frau kennengelernt. **Von da an** schaltete er sein Handy wieder ein.
7. Am nächsten Tag saß er im Hotel und wartete auf die Frau. **In dem Moment** klingelte sein Handy.
8. Er hatte mit seinem Chef gesprochen. **Danach** musste er seinen Urlaub leider unterbrechen.

1. Nachdem er angefangen hatte zu arbeiten, ...

(9) **Ein Märchen**

Ergänzen Sie die Verben im Präteritum (P) oder Plusquamperfekt (PP).

Es .... (sein, P) einmal ein Mann, der .... (haben, P) einen Esel, der schon viele Jahre die Säcke in die Mühle .... (tragen, PP). Nun aber .... (werden, P) der Esel alt. Da .... (denken, P) der Mann daran, ihn wegzugeben. Aber der Esel .... (merken, P), dass sein Herr etwas Böses im Sinn hatte, ... (fortlaufen, P) und .... (machen, P) sich auf den Weg nach Bremen. Dort, so .... (meinen, P) er, könnte er ja Stadtmusikant werden.

Als er schon eine Weile .... (gehen, PP), ... (finden, P) er einen Hund am Wege liegen, der jämmerlich .... (heulen, P) „Warum heulst du denn so?" .... (fragen, P) der Esel. „Ach", ... (sagen, P) der Hund, „weil ich alt bin und nicht mehr auf die Jagd gehen kann, wollte mich mein Herr totschießen. Da bin ich weggelaufen. Aber womit soll ich nun mein Brot verdienen?"

„Weißt du, was", ... (sprechen, P) der Esel, „ich gehe nach Bremen und werde dort Stadtmusikant. Komm mit mir." Der Hund .... (sein, P) einverstanden und sie .... (gehen, P) zusammen weiter. Es .... (dauern, P) nicht lange, da .... (sehen, P) sie eine Katze am Weg sitzen, die .... (machen, P) ein Gesicht wie drei Tage Regenwetter. „Was ist denn dir in die Quere gekommen?", fragte der Esel. „Wer kann da lustig sein, wenn's einem an den Kragen geht", ... (antworten, P) die Katze.

„Weil ich nun alt bin, ... (wollen, P) mich meine Frau ersäufen. Ich .... (können, P) mich zwar noch davonschleichen, aber wo soll ich jetzt hin?"

„Geh mit uns nach Bremen! Da kannst du Stadtmusikant werden." Die Katze .... (halten, P) das für gut und .... (mitgehen, P).

Als die drei so miteinander .... (gehen, P), ... (kommen, P) sie an einem Hof vorbei. Da .... (sitzen, P) ein Hahn auf dem Tor und .... (schreien, P) aus Leibeskräften. „Warum schreist du so?", ... (fragen, P) der Esel.

„Die Hausfrau hat der Köchin befohlen, mir heute Abend den Kopf abzuschlagen. Morgen, am Sonntag, wollen sie mich in der Suppe essen. Nun schreie ich aus vollem Hals, solang ich noch kann."

„Ei was", ... (sagen, P) der Esel, „zieh lieber mit uns fort, wir gehen nach Bremen, etwas Besseres als den Tod findest du überall. Du hast eine gute Stimme, und wenn wir mitsammen musizieren, wird es herrlich klingen." Dem Hahn .... (gefallen, P) der Vorschlag und sie .... (gehen, P) alle vier zusammen weiter. Sie kamen im Wald zu einem Räuberhaus, verjagten die Räuber und wohnten glücklich zusammen in dem Haus. Aber nach Bremen sind sie nicht gekommen. Warum heißen sie eigentlich *Die Bremer Stadtmusikanten?*

① Berühmte Personen

a Welche der Personen gehört zu welcher Biografie?

Martin Luther

Karl Marx

Rosa Luxemburg

Wolfgang Amadeus Mozart

1

1818	geboren in Trier (Deutschland)
1835–41	studiert Jura und Philosophie
1841	Zeitungsredakteur, Beschäftigung mit Gesellschaftstheorie
1848	schreibt das „Das Kommunistische Manifest" zusammen mit Friedrich Engels
1849	Exil in London
1867	veröffentlicht „Das Kapital"
1883	Tod in London

2

1483	geboren in Eisleben (Deutschland)
1501–05	Jurastudium
1505	Mönch und später Priester
1512	Doktor der Theologie
1517	Thesenanschlag in Wittenberg
1521	Flucht auf die Wartburg
1522	Rückkehr nach Wittenberg
1525	Heirat
1534	Bibelübersetzung ins Deutsche
1546	Tod in Eisleben

3

1756	geboren in Salzburg (Österreich)
1764	erscheint seine erste gedruckte Komposition
1766	wird seine erste Oper aufgeführt
1772–77	Konzertmeister in Salzburg
1778	erfolglose Suche nach einer festen Anstellung in Deutschland
1781–91	Komponist und Musiklehrer in Wien
1782	Heirat mit Constanze Weber
1791	Tod in Wien

4

1871	geboren in Zamość (Polen)
1880	Gymnasium in Warschau
1886	politisches Engagement
1889	Flucht nach Zürich, Studium: Volkswirtschaft und Politikwissenschaft
1898	Heirat und Umzug nach Berlin
1907–14	Dozentin, Engagement für das Frauenwahlrecht und gegen den Krieg
1915	Gefängnis wegen „Agitation"
1918	Entlassung aus der Haft
1919	Ermordung in Berlin

b Schreiben Sie die Biografie von einer Person aus 1a als Text. Vergleichen Sie im Unterricht.

② Berühmtheit als Berufswunsch

Ergänzen Sie den Text.

Berühmtsein ohne eine besondere Begabung zu haben od _ _ eine spez _ _ _ _ _ Leistung gebracht zu ha _ _ _, das hä _ _ _ man frü _ _ _ für unmö _ _ _ _ _ gehalten. Do _ _ zeigen Beis _ _ _ _ _ wie Paris Hilton, da _ _ dies durchaus ge _ _ . Und so geben auch ein _ _ _ Jugendliche a _ _ Berufswunsch „Berüh _ _ _ _ _ _" an. V _ _ diesem Wun _ _ _ leben Castingshows, in de _ _ _ sich man _ _ _ jungen Le _ _ _ der Peinli _ _ _ _ _ _ und d _ _ Demütigung aussetzen, nur um bek _ _ _ _ zu wer _ _ _. Laut d _ _ Psychiater Bandelow gehören extr _ _ _ _ Narzissmus u _ _ Ehrgeiz zu den Ur _ _ _ _ _ _ die _ _ _ Verhaltensweise. D _ _ Popsäng _ _ _ _ Madonna best _ _ _ _ _ dies, we _ _ sie sa _ _, ihre grö _ _ _ Angst sei es, ni _ _ _ berühmt zu se _ _. Berühmtheit versp _ _ _ _ _ Ansehen u _ _ Aufmerk _ _ _ _ _ _ _. Ab _ _ die Nacht _ _ _ _ sind gr _ _: Man wi _ _ zum Beis _ _ _ _ von angeblichen Freu _ _ _ _ ausgenutzt und kann sich nicht mehr frei in der Öffentlichkeit bewegen.

3 Meinungen zu dem Artikel

a Ordnen Sie die Aspekte den Abschnitten des Leserbriefs zu.

Zeile

1. .... Ist der Weg zur Berühmtheit angenehm?
2. .... Meinung zum Artikel
3. .... Grund für den Leserbrief
4. .... Ist es normal, berühmt werden zu wollen?

Ihr Artikel „Berühmtheit als Berufswunsch", WOZ, 10.10.09

Sehr geehrte Damen und Herren,

Ihr Artikel hat mich sehr interessiert, weil meine kleine Schwester auch davon träumt, berühmt zu sein.

5 In dem Artikel zitieren Sie einen Psychiater, der behauptet, dass es leichter ist, berühmt zu werden, wenn man großen Ehrgeiz hat und sogar narzisstisch ist. Wenn das stimmt, dann hat meine Schwester schlechte Chancen, denn sie ist ganz normal. Sie ist zwar ehrgeizig, aber ist das unnormal? Sie tanzt sehr gut. Sie trainiert hart und 10 diszipliniert und möchte einmal eine berühmte Tänzerin werden.

Ich denke, alle Künstler streben danach, einmal zu den Großen zu gehören. Würden sie das nicht tun, würden sie mittelmäßig bleiben und die Welt wäre viel ärmer. Viele berühmte Personen haben in ihrem Leben auf viel Frei- 15 zeit und Annehmlichkeiten verzichtet, um immer besser und schließlich auch weltbekannt zu werden.

Ich ärgere mich darüber, dass Sie diesen Aspekt in Ihrem Artikel nicht erwähnen, und würde mich freuen, wenn Sie auch einmal über den schwierigen Alltag eines 20 hart arbeitenden Künstlers berichten würden.

Mit freundlichen Grüßen
Luisa Schaaf

b Schreiben Sie einen Leserbrief zu dem Artikel „Berühmtheit als Berufswunsch". Schreiben Sie zu jedem Aspekt aus 3a mindestens zwei Sätze.

4 Berichten, was jemand gesagt hat

Schreiben Sie die Aussage des Musikers in indirekter Rede im Konjunktiv I. Benutzen Sie Konjunktiv II, wenn die Konjunktiv-I-Form mit dem Indikativ Präsens identisch ist.

Gitarrist Peter Mann

„Ich finde es toll, dass mich viele Leute kennen. Ich bekomme jede Menge Post und auf der Straße werde ich um Autogramme gebeten. Im Restaurant bedienen mich die Kellner besonders gut. Ich kann mich selbst im Fernsehen sehen und mein Gesicht lächelt mir von Zeitschriften entgegen. Und dass ich mehr als genug Geld habe, ist natürlich auch angenehm. Ich muss mich nur um wenige Sachen selbst kümmern, denn ich habe viele Leute, die mir helfen. Also, ich genieße meine Berühmtheit. Schon als Kind habe ich davon geträumt, berühmt zu sein, und ich habe schon immer die Musik geliebt. Ich habe bereits mit sechs Jahren Gitarrenunterricht gehabt und bin in jedes Rockkonzert gegangen, das es in der Nähe gegeben hat. Meine Eltern haben mich immer unterstützt. Im Fernsehen haben meine Mutter und ich zusammen Musiker beobachtet und ich habe ihre Bewegungen und Tanzschritte imitiert. Davon habe ich später sehr profitiert."

Gitarrist Peter Mann

Peter Mann sagt, er finde es toll, dass ihn viele Leute kennen würden. Er ...

5 Kinder berühmter Eltern

Ergänzen Sie den Text mit den folgenden Wörtern in der richtigen Form.

Karriere • Talent • Prominenter • Nachfolger • Berühmtheit • Erwartungen • Bürde • ~~tragen~~ • Privileg • Ruhm • erben

Im deutschen Fernsehen lief einige Zeit eine Sendereihe mit dem Titel „Ich *trage* einen berühmten Namen". Man könnte

erwarten, das die .... von .... Vorteile haben. Sie könnten das ....

oder einfach das Geld ihres berühmten Vorfahren .... haben. Doch für die wenigsten in der Sendung

stellte ihr bekannter Name ein .... dar. Viele bemühten sich bewusst um eine ganz andere

.... , um nicht im Schatten des .... Ihrer Eltern zu stehen. Vor allem die hohen

.... der Öffentlichkeit an sie empfinden sie als .... Und viele haben die Nachteile des

.... schon als Kind erfahren: wenig Privatsphäre und Freunde, die keine wirklichen Freunde waren.

6 Gerüchte mit *sollen*

CD 33 **a Hören Sie zu. Welche Reaktion passt zu dem Gerücht?**

1.
- a Ach du lieber Gott, das ist aber teuer!
- b Echt? Da freue ich mich für sie. Sie hat sich das schon lange gewünscht.
- c Das schafft sie nie.

2.
- a Der arme Kerl!
- b Wie schön für ihn!
- c Der Mann ist bestimmt verrückt.

3.
- a Sie mag eben Schuhe nicht so gerne.
- b Er war schon immer ein bisschen verrückt.
- c So viele hätte ich auch gerne.

4.
- a Das kann ich mir nicht vorstellen.
- b Ich habe auch viele Diäten probiert.
- c So dick ist das auch nicht.

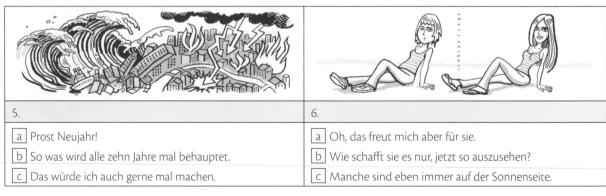

5.
- a Prost Neujahr!
- b So was wird alle zehn Jahre mal behauptet.
- c Das würde ich auch gerne mal machen.

6.
- a Oh, das freut mich aber für sie.
- b Wie schafft sie es nur, jetzt so auszusehen?
- c Manche sind eben immer auf der Sonnenseite.

b Schreiben Sie zu vier der Reaktionen, die in 6a nicht passen, eine Situation, in der die Reaktion passt.

Überblick

Über Berühmtheit sprechen

Er ist auf dem Gebiet der Physik berühmt.
Sie ist berühmt für ihre Show.
Adele ist besonders bei Jugendlichen beliebt.
Paris Hilton ist weltbekannt, weil …

Berichten, was jemand gesagt hat

Er sagte, dass die Berühmtheit mancher Leute mit der Blödheit ihrer Bewunderer zusammenhänge.
Sie weist darauf hin, dass sie Schmuck kreiert habe.
Die Sängerin betont, sie werde nicht glücklich sein, bevor sie nicht so berühmt sei wie Gott.
Der Rapper beklagt, er könne sich in der Öffentlichkeit nicht mehr bewegen.

Über Gerüchte sprechen

Sie soll sehr reich sein.
Er soll ihr einen Porsche gekauft haben.
Es wird behauptet, dass sie einen neuen Freund hat.
In den Medien wird gesagt, dass viele Prominente Probleme haben.

Nützliche Ausdrücke

… als Berufswunsch angeben
es fällt auf, dass …
das ist die Folge, nicht die Ursache
bereit sein, etwas zu tun
in hohem Maße … sein

die treibende Kraft
Berühmtheit mit Beliebtheit verwechseln
ein zweischneidiges Schwert
… bringt den Verlust von … mit sich

Grammatik kurz und bündig

1 Indirekte Rede mit Konjunktiv

Den Konjunktiv I bildet man so:	Konjunktiv-I-Endungen		Konjunktiv I von *sein*	
Infinitiv~~-en~~ + Konjunktiv-I-Endung	ich	-e	ich	sei
	du	-est	du	seist
	er/es/sie/man	-e	er/es/sie/man	sei
	wir	-en	wir	seien
	ihr	-et	ihr	seiet
	sie/Sie	-en	sie/Sie	seien

Die Formen für *ich, wir, sie* (Plural) und *Sie* sind oft mit dem Indikativ identisch.
Die Formen für *du* und *ihr* sind veraltet und werden kaum noch benutzt.
In beiden Fällen benutzt man Konjunktiv II: du würdest tanzen, wir würden tanzen …

2 Über Gerüchte sprechen mit *sollen*

Gegenwart	Sie **soll** sehr reich **sein**.	*sollen* + Infinitiv
Vergangenheit	Sie **soll** eine Villa **gekauft haben**.	*sollen* + Partizip II + Infinitiv von *haben*

1 Alte und neue Medien

Ergänzen Sie – wenn nötig – die passende Präposition mit Artikel.

1. *Im*............. letzten Jahrhundert sind viele neue Medien erfunden und entwickelt worden.

2. Die erste Tageszeitung der Welt erschien .... 1. Juli 1650 in Leipzig.

3. Das Telefon wurde .... mehr als 100 Jahren erfunden.

4. .... in die 60er Jahre gab es in Deutschland nur Schwarzweißfernseher.

5. Computer gibt es schon .... mehr als 60 Jahren.

6. Der erste MP3-Player wurde .... Jahr 1998 verkauft.

Einer der ersten MP3 Player von 1998.
Speicher: 32 MB, Preis: 160 Euro

2 Medien in deutschsprachigen Ländern

a Vergleichen Sie früher und heute und schreiben Sie Sätze mit *während*.

1. **früher:** nur drei Programme in Deutschland – **heute:** über 100 Fernsehprogramme in Deutschland
2. **früher:** die Tageszeitung / die aktuellste Informationsquelle – **heute:** Internet
3. **früher:** ein Telefongespräch von einem Kontinent zum anderen / sehr teuer – **heute:** billig
4. **früher:** nur von zu Hause aus telefonieren können – **heute:** von (fast) überall telefonieren können
5. **früher:** viele Leute / keinen eigenen Fernseher – **heute:** viele Familien / mehrere Fernseher
6. **früher:** sich oft mit dem Auto verfahren – **heute:** mit Navis / kein Problem / ein Ziel zu finden

> *1. Während es früher in Deutschland nur drei Programme gab, gibt es heute ...*

b Lesen Sie das Beispiel und schreiben Sie die Aussagen 2–6 mit *Im Gegensatz* zu. Vergleichen Sie im Unterricht.

> *1. Im Gegensatz zu früher gibt es heute viel mehr Fernsehprogramme in Deutschland.*

3 Print versus Online

a Ordnen Sie die Wörter den Worterklärungen 1–7 zu.

verlässlich • sich zurückziehen • hingegen • etwas hervorheben • sich einig sein • sonstige • sich zuversichtlich zeigen

1. etwas besonders betonen   *etwas hervorheben*.................
2. sich optimistisch geben   ....
3. zusätzlich vorhandene, andere, weitere   ....
4. Wort zum Ausdruck eines Gegensatzes   ....
5. die gleiche Meinung über etwas haben   ....
6. man kann sicher sein, dass jmd. etwas tut   ....
7. sich nicht mehr aktiv an etwas beteiligen, weggehen   ....

b Ergänzen Sie die Sätze mit Wörtern aus 3a.

1. Der Journalist ...., dass die Qualität der Printmedien sehr hoch ist.

2. Alle sind .... darin, dass hochwertige Inhalte Zeit und Geld kosten.

3. Der Politiker .... wegen seiner Krankheit aus der Politik ....

4. Abends bin ich immer fit, morgens .... habe ich Schwierigkeiten, wach zu werden.

5. Mein Freund ...., dass er die Prüfung bestehen wird.

6. Wenn ich sie brauche, ist sie immer da, meine Freundin ist ein .... Mensch.

7. Das meiste ist jetzt klar. Wenn ihr keine .... Probleme habt, können wir weitergehen.

c Was haben die Leute wörtlich gesagt? Formulieren Sie zu 1–4 die passenden Aussagen in direkter Rede. Vergleichen Sie im Unterricht.

1. Frau Robinson zeigte sich zuversichtlich, dass auch im Internet für hochwertige Inhalte bezahlt würde.
2. Frau Robinson ist überzeugt davon, dass verlässliche Informationen immer gebraucht würden.
3. Herr Krech nannte Deutschland ein Land der Zeitungsleser.
4. Herr Bellinger hob die unterschiedlichen Funktionen von Print und Online hervor: Im Internet könnten Inhalte aktualisiert werden, in der gedruckten Ausgabe hingegen würden sie interpretiert.

> *Robinson: „Ich bin sicher, dass ...*

d Schreiben Sie 1–6 in indirekter Rede. Wählen Sie eine passende Redeeinleitung im Präsens.

betonen • sich zuversichtlich zeigen • meinen • sich einig sein • sagen • hervorheben

1. Alle Journalisten: „An Online-Angeboten führt kein Weg vorbei."
2. Janet Robinson: „Wir werden uns nicht aus dem Printbereich zurückziehen."
3. Janet Robinson: „Die Leser sind loyal, wenn wir qualitativ hochwertigen Journalismus machen."
4. Wolfgang Krech: „Es liegt noch ein langer Weg vor uns, bis wir da angekommen sind, wo amerikanische Zeitungen jetzt sind."
5. Sylvie Kauffmann: „Unsere Zeitung hat eine Rubrik eingeführt, die Analysen anbietet."
6. Alle Journalisten: „Wer die Leser hält, sichert die Zukunft der Zeitungen."

> *Alle Journalisten sind sich einig, dass ...*

4 Partizipien als Attribute

a Machen Sie aus den Attributen einen Relativsatz.

1. „Die Zeit" ist eine wöchentlich erscheinende Zeitung.
2. Auf der Seite drei ist immer die neu eingeführte Rubrik „Hintergrundinfo".
3. Die in das Thema einführenden Informationen sind sehr gut präsentiert.
4. Hast du diesen interessant geschriebenen Kommentar gelesen?
5. Die in der Radioreportage interviewten Personen haben sich sehr kontrovers geäußert.

> *„Die Zeit" ist eine Zeitung, die ...*

b Partizip Präsens oder Perfekt? Ergänzen Sie die Verben in der richtigen Form.

kommen • ~~sprechen~~ • befragen • einführen • aufbauen • passen

1. Die ursprünglichste Form eines Mediums ist das *gesprochene* Wort.
2. In „Le Monde" gibt es eine neu .... Rubrik mit Hintergrundinformationen.
3. Ein großer Teil der .... Personen informiert sich häufig im Internet.
4. In den .... Jahren wird sich der Medienbereich weiter verändern.
5. Jahrzehntelang .... Märkte können nicht von heute auf morgen verändert werden.
6. Es ist nicht einfach, einen .... Studienplatz zu finden.

5 Ende der Printmedien

CD 34 **a** Interview mit dem Berufsberater Herrn Eckermann. Hören Sie und kreuzen Sie an: r (richtig), f (falsch) oder 0 (keine Information).

	r	f	0
1. Jugendliche haben viele Informationen über Medienberufe.			
2. Für Medienberufe interessieren sich mehr Jungen als Mädchen.			
3. Die Medienstudiengänge sind unübersichtlich.			
4. Wenn man einen Medienstudiengang studieren möchte, braucht man gute Informatikkenntnisse.			
5. Ein Betriebswirtschaftsstudium mit Praktika kann gute Chancen im Medienbereich eröffnen.			

b Schreiben Sie einen Bewerbungsbrief auf eine der beiden Anzeigen.

Junior-PR-Berater (m/w)

Unser junges, starkes PR-Team braucht Verstärkung.

Voraussetzungen:
– Studium im Bereich Journalistik, Geistes- bzw. Medienwissenschaften

– Journalistische Erfahrungen

– Eigeninitiative, Engagement, Kreativität und Selbstständigkeit

– Schnelle Auffassungsgabe, Organisationstalent

– Kontaktfreude

Neugierig?

Dann bewerben Sie sich bitte online unter

Wir entwickeln eine interaktive Lernsoftware für Deutsch als Fremdsprache und suchen

Softwareentwickler/in

mit guten Java-Kenntnissen.

Voraussetzungen:
• sehr gute Java-Kenntnisse
• sicherer Umgang mit Microsoft-Office-Anwendungen
• Erfahrungen im Bereich Deutsch als Fremdsprache
• gute Deutschkenntnisse
• hohe Eigeninitiative, Engagement sowie systematische und verantwortungsvolle Vorgehensweise bei der Abwicklung der anstehenden Aufgaben
• Team- und Kommunikationsfähigkeit sowie sicheres Auftreten und Belastbarkeit

6 Statistik

Beschreiben und interpretieren Sie die Grafik.

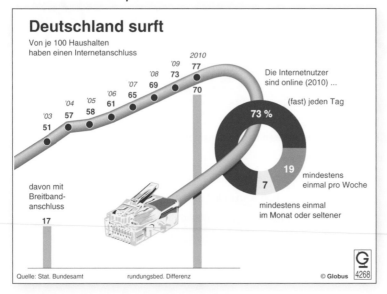

Deutschland surft

Von je 100 Haushalten haben einen Internetanschluss

'03 51
'04 57
'05 58
'06 61
'07 65
'08 69
'09 73
2010 77

70

davon mit Breitbandanschluss
17

Die Internetnutzer sind online (2010) ...

(fast) jeden Tag
73 %

19 mindestens einmal pro Woche

7 mindestens einmal im Monat oder seltener

Quelle: Stat. Bundesamt   rundungsbed. Differenz   © Globus 4268

Überblick

Eine Definition des Begriffs „Medien" verstehen

Medien sind Instrumente, mit denen Informationen zwischen Sender und Empfänger ausgetauscht werden.
Man unterscheidet heute zwischen alten und neuen Medien.
Als alte Medien bezeichnet man die gedruckten Medien wie zum Beispiel Zeitungen.
Zu den neuen Medien gehören zum Beispiel Computer, Internet und Satellitenfernsehen.

Über die Nutzung von Medien sprechen

Heute kann man sich kaum vorstellen, ohne Handy zu verreisen.
Früher gab es zwar schon Computer, aber die waren so groß wie ein Zimmer.
Während eine Tageszeitung täglich erscheint, wird eine Wochenzeitung einmal pro Woche gedruckt.
Im Gegensatz zu den alten Medien sind die neuen oft interaktiv.

Eine Statistik interpretieren

Mich überrascht nicht, dass Jugendliche viel fernsehen.
Ich habe erwartet, dass Jugendliche nicht auf das Internet verzichten können.
Dass Jungen Computer öfter nutzen, liegt wohl daran, dass sie sich mehr für Technik interessieren.

Nützliche Ausdrücke

es herrscht Einigkeit darüber, dass …
sich zuversichtlich zeigen
sich zurückziehen aus
es führt kein Weg vorbei an …
die Zukunft sichern
jmd. Orientierung geben

qualitativ hochwertiger Journalismus
meinungsbetonter Journalismus
investigativer Journalismus
Inhalte aktualisieren
verlässliche Informationen
von unterschiedlichen Seiten beleuchten

Grammatik kurz und bündig

Partizipien	
Partizip I **Bedeutung: Aktiv, Präsens**	Ein täglich die Zeitung lesen**d**er Mensch – ist ein Mensch, der täglich die Zeitung liest.
Partizip II **Bedeutung: meistens Passiv** **(oft Vergangenheit)**	Eine täglich **ge**lesene Zeitung – ist eine Zeitung, die täglich gelesen wird. Eine neu **ge**druck**t**e Zeitung – ist eine Zeitung, die neu gedruckt worden ist.

Viele Partizipien betrachtet man heute als Adjektive. Sie werden auch im Wörterbuch oft als Adjektive präsentiert, z. B.:

geehrt	Sehr **geehrte** Damen und Herren, …
gereizt	Er ist oft sehr schnell **gereizt** und wird dann böse.
erzogen	Sie ist gut **erzogen**.
gepflegt	In seinem neuen Anzug macht er einen **gepflegten** Eindruck.
gebildet	Sie ist **gebildet** und interessiert sich sehr für Literatur.
geöffnet	Das Schwimmbad ist nur im Sommer **geöffnet**.

1 Präsentation

a Ergänzen Sie die Tabelle und markieren Sie den Wortakzent.

Kontinent	Adjektiv	Mann	Frau
A̱frika, auch: Afri̱ka	afrika̱nisch		
Amerika			
Asien			
Australien			
Europa			

CD 35   **b** Hören Sie, kontrollieren Sie den Wortakzent und lesen Sie laut.

c Schreiben Sie aus den Notizen Sätze.

> 1. Prozess – die Gründung der EU – drei Schritte – besonders wichtig
> 2. hoffen – engere Zusammenarbeit – neuer Krieg – verhindern
> 3. Robert Schumann – vorschlagen – Kohle- und Stahlindustrie – gemeinsam verwalten
> 4. gemeinsame Verwaltung – gegenseitige Kontrolle – ausüben können
> 5. 9. Mai – Europatag – feiern
> 6. viele kleine Schritte – über viele Jahre – sich annähern
> 7. schließlich – 1992 – Europäische Union – gründen
> 8. seit 1992 nicht nur: Wirtschaftsunion – sondern: allgemeine Union – umfasst alle wichtigen Bereiche

d Lesen Sie den Text über die Institutionen der EU und ergänzen Sie die hervorgehobenen Wörter in der Grafik.

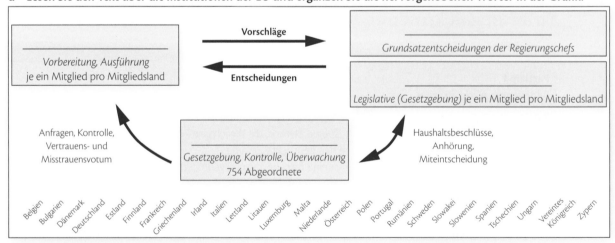

Der **Europäische Rat** setzt sich aus den Regierungschefs der Mitgliedsländer zusammen. Er trifft die wichtigen Grundsatzentscheidungen. Der **Ministerrat** verabschiedet zusammen mit dem Parlament die Gesetze. Er besteht aus den zuständigen Ministern der Mitgliedsländer. Je nachdem, um welchen Bereich es geht, nimmt der jeweilige Fachminister am Ministerrat teil. In der **Europäischen Kommission** sind ein oder zwei Vertreter der Mitgliedsländer. Die Kommission bereitet die Entscheidungen und Gesetze vor und führt die Entscheidungen des Ministerrates und des Europäischen Rates aus. **Das Europäische Parlament** kann Anfragen stellen und Informationen einfordern und kontrolliert damit die Arbeit der Kommission. Außerdem beschließt es den EU-Haushalt. Es kann aber nicht – wie die Parlamente in den Nationalstaaten – selbstständig Gesetze verabschieden.

2 **Auf dem Weg zur Integration – EU-Quiz**

a   Kreuzen Sie die richtige Antwort an.

1. Wie viele Sterne sind auf der europäischen Flagge?
- a Fünf, für die fünf Gründerländer.
- b Zwölf, als Symbol für Vollkommenheit und Einheit.
- c So viele Sterne, wie es Länder in der EU gibt.

2. Wie viele Einwohner hat die EU?
- a ca. 100 Mio.
- b ca. 300 Mio.
- c ca. 500 Mio.

3. Was ist die meistgesprochene Muttersprache Europas?
- a Deutsch.
- b Englisch.
- c Französisch.

4. Welche europäische Institution ist in Frankfurt?
- a Der Europäische Gerichtshof.
- b Die Europäische Zentralbank.
- c Die Europäische Kommission.

5. Welche Amtssprachen hat die EU?
- a Englisch.
- b Englisch, Deutsch, Französisch.
- c Die Sprachen aller EU-Länder.

6. In wie viele Sprachen werden die Gesetze übersetzt?
- a In drei Sprachen.
- b In zehn Sprachen.
- c In mehr als zwanzig Sprachen.

7. Woher kommt die Melodie der Europahymne?
- a Aus einer Sinfonie von Beethoven.
- b Von einem europäischen Volkslied.
- c Von einem Popsong.

8. Wo tagt das europäische Parlament meistens?
- a In Brüssel (Belgien).
- b In Luxemburg (Luxemburg).
- c In Straßburg (Frankreich).

b   Temporale Konjunktionen – Schreiben Sie die fett gedruckten Satzteile als Nebensatz.

1. **Vor dem Erscheinen einer Zeitung** müssen viele Menschen daran arbeiten.
2. **Bei der Recherche von Informationen** müssen Journalisten sehr sorgfältig sein.
3. **Vor dem Druck der Zeitung** kontrollieren Redakteure die Richtigkeit der Informationen.
4. **Nach dem Druck** kommt die Zeitung so schnell wie möglich in den Verkauf.
5. **Beim Kauf einer Zeitung** achten die Leser auf Aktualität.
6. **Während des Lesens** wollen die meisten Leute nicht gestört werden.

Viele Menschen müssen daran arbeiten, bevor eine Zeitung erscheint.

3 **Interviews mit Bürgerinnen und Bürgern der EU**

Geben Sie die Meinungen in der indirekten Rede wieder. Verwenden Sie Konjunktiv I oder – wenn nötig – Konjunktiv II.

Theo Bug

Ich mache gerade ein Auslandssemester, das von der EU über
das Erasmusprogramm finanziert
ist. Ich finde toll, dass das so
einfach möglich ist. Ich <u>will</u> später
in verschiedenen Ländern arbeiten. Die Anerkennung mein<u>er</u> Studienleistungen funktioniert
leider noch nicht so gut, das <u>muss</u> noch besser
werden. Dann <u>ist</u> es für uns Studenten einfacher
und wir <u>verlieren</u> keine Zeit.

Theo Bug

Hedwig Marsch

Ich finde, die EU ist eine Erfolgsgeschichte. Die jungen Leute
können sich heute gar nicht
vorstellen, wie das früher gewesen ist. Jedes Land hat nur an
sich selbst gedacht. Jetzt ist alles viel einfacher.
Wenn man Freunde in einem anderen Land hat,
kann man sie ohne Probleme besuchen. Man kann
ohne Formalitäten über alle Grenzen fahren und
man kann auch in einem anderen Land arbeiten.

Hedwig Marsch

Er sagt, er mache gerade ein Auslandssemester, das ...

4 **Europäisches Jugendparlament**

a **Ergänzen Sie die Wörter und ordnen Sie 1–4 und a–d zu.**

dort • danach • dazwischen • dabei

1. Mindestens einmal im Jahr lädt das EYP zu einer großen Parlamentssitzung,

2. Nun sind die meisten ziemlich stolz,

3. Wer hier mitmachen darf,

4. Dann muss sich jeder für eines der Komitees entscheiden.

a) sieht die Welt .... mit anderen Augen.

b) .... wird einige Tage über ein Thema debattiert.

c) .... zu sein.

d) .... gibt es kleinere Konferenzen oder nationale Aktivitäten.

b **Ordnen Sie die Wörter den Erklärungen und Sätzen zu.**

inzwischen • schwärmen • der Kompromiss • überstimmen • einschüchtern • steif • ausschließlich

1. **Gegenteil von locker** – Auf der Party war die Atmosphäre am Anfang erst ein bisschen
.... , aber als alle anfingen zu tanzen, wurde die Stimmung super.

2. **nur** – Kevin erwartet immer, dass ich mich .... um ihn kümmere, aber ich will mich doch auch mal mit meinen anderen Freunden unterhalten.

3. **begeistert von etwas sprechen** – Die Ferien waren toll. Sanna .... immer noch von den tollen Strandpartys.

4. **jdm. Angst machen** – Eine mündliche Prüfung ist immer aufregend, aber man darf sich nicht
.... lassen.

5. **eine Abstimmung gewinnen** – Petra wollte eigentlich ins Kino gehen, aber wir haben sie
.... und gehen jetzt gemeinsam in die Disco.

6. **während dieser Zeit** – Gehst du einkaufen? Dann räume ich .... die Wohnung auf. Dann sind wir fertig wenn die Gäste kommen.

7. **eine Einigung, bei die Partner auf wesentliche Teile ihrer Position verzichten** – Diese Einigung ist ein ganz fauler
.... , der bestimmt nicht lange halten wird.

c **Adjektive auf „-trächtig". Lesen Sie das Beispiel und ergänzen Sie die Sätze.**

1. In der Paulskirche in Frankfurt haben viele wichtige geschichtliche Ereignisse stattgefunden. Das ist ein
*geschichts*trächtiger Raum.

2. Diese Straße ist sehr gefährlich. Hier passieren viele Unfälle. Die Straße ist ....trächtig.

3. Mit dieser Geschäftsidee kann man große Gewinne machen. Die Geschäftsidee ist sehr
....trächtig.

4. Wenn wir über dieses Thema diskutieren, dann gibt es immer Konflikte in der Gruppe. Das ist ein
....trächtiges Thema.

d **Nomen-Verb-Verbindungen – Ordnen Sie zu.**

Redezeit • über ein Thema • Zeit • einen Auswahlwettbewerb/eine Prüfung • einen Kompromiss • eine Resolution	vergeben • verbringen • eingehen • bestehen • schreiben • debattieren

e **Schreiben Sie je einen Beispielsatz zu den Verbindungen aus 4d. Vergleichen Sie im Unterricht.**

Überblick

Eine Präsentation über die Entwicklung der EU verstehen

Ich werde euch einen kurzen Überblick geben wann und wie die EU gegründet wurde und wie sie sich bis heute weiterentwickelt hat.

Mein Referat ist in drei Teile geteilt. Im ersten Teil erzähle ich, wie die Europäische Union gegründet worden ist. Im zweiten Teil geht es um die Struktur und die Institutionen der EU und im dritten Teil um die Arbeit des Europäischen Parlaments.

Wenn ihr Fragen habt, dann wartet doch bitte jeweils das Ende von einem Teil ab. Ich werde dann gerne auf Fragen eingehen.

Verschiedene Meinungen über die EU wiedergeben

Die EU ist für ihn etwas Abstraktes.
Ich finde, die EU ist eine Erfolgsgeschichte.
Man kann ohne Probleme über alle Grenzen fahren.
Man kann auch in einem anderen Land arbeiten.
Man kann leichter in einem anderen Land in Europa studieren, aber die Anerkennung der Studienleistungen funktioniert noch nicht so gut.

Eine Reportage über das Europäische Jugendparlament verstehen

Die Organisation will Jugendliche für Europa begeistern.
Die Teilnehmer mussten einen Auswahlwettbewerb bestehen.
Die Teilnehmer haben ihre Zeit nach erprobten Regeln verbracht.
In den Komitees wird einige Tage über ein Thema debattiert.
Sie haben Verständnis dafür, dass ihre Regierung in Brüssel Kompromisse eingehen muss.
Der geschichtsträchtige Ort kann auch Profis einschüchtern.
Nur streng nach Regeln darf hier debattiert werden.
Aufgeregt verteidigen die Redner des Komitees ihre Resolution.

Nützliche Ausdrücke

einen Krieg verhindern
etwas gemeinsam verwalten
gegenseitige Kontrolle ausüben
sich in kleinen Schritten immer mehr annähern
in ferner Zukunft liegen

Erfahrungen sammeln
mit Gleichgesinnten diskutieren
unerwartete Schwierigkeiten
einen Kompromiss erreichen/eingehen
Minderheiten (nicht) überstimmen

Grammatik kurz und bündig

Sätze verbinden

Konjunktion + Nebensatz	Satzadverb/Ausdrücke	Präposition
als	damals/da	bei + D
während	zu der Zeit, gleichzeitig	während + G
seit, seitdem	seitdem, von da an	seit + D, von … an
nachdem	dann, danach, anschließend	nach + D
bevor	zuvor, davor, vorher	vor + D

Nachdem der Krieg beendet war, haben einige Staaten eine engere Zusammenarbeit vereinbart.
Der Krieg war beendet. **Danach** haben einige Staaten eine engere Zusammenarbeit vereinbart.
Nach Ende des Krieges haben einige Staaten eine engere Zusammenarbeit vereinbart.

WORTSCHATZ TRAINIEREN

1 Wortbildung

a Lesen Sie die Erklärung und ergänzen Sie die fehlenden Wörter in der Tabelle. Kontrollieren Sie die Bedeutungen mit dem Wörterbuch.

Im Deutschen gibt es viele Nomen auf *-ion*. Zu den Nomen gibt es oft auch Verben auf *-ieren* und Adjektive auf *-iv*, aber nicht immer. Der Artikel ist immer „die". Der Wortakzent ist immer auf der Endung: *Kommunikat<u>ion</u> – kommuniz<u>ieren</u> – kommunikat<u>iv</u>.*

Nomen	Verben	Adjektive
		kommunikativ
	informieren	
Diskussion		X
	operieren	
		revolutionär
Situation		
Demonstration		
		kreativ
		reflektiv
Expansion		

b Lesen Sie die Erklärung und ergänzen Sie dann die Suffixe *-freudig* oder *-fähig* in 1–5.

-freudig drückt aus, dass das, was im Wort gemeint ist, **gern** getan wird.
-fähig drückt aus, dass das, was im Wort gemeint ist, getan werden **kann**.

1. Paul ist sehr meinungs.. . Er sagt seine Meinung auch, wenn keiner sie hören will.

2. Ich halte deinen Vorschlag für diskussions.. . Lass uns morgen darüber reden.

3. Hühner sind zwar flug.. , aber sie fliegen nicht gern.

4. Du bist zahlungs.. , deshalb will ich morgen mein Geld zurück.

5. Meine Tante ist äußerst reise.. . Sie hat schon die halbe Welt gesehen.

Ich bin zwar arbeitsfähig, aber nicht gerade arbeitsfreudig. Ich liebe meine Freizeit über alles.

2 Verben

Ergänzen Sie die Sätze mit den Verben.

1. Eine gute Recherche kann viel Zeit *kosten*........................ .

2. Zeitungen können den Lesern Orientierung ....

3. Ich freue mich, wenn ich morgens die Zeitung in den Händen ....

4. Im Internet kann man die Inhalte praktisch jede Minute ....

5. „Die Zeit" will neue Rubriken .... , um die Leser zu halten.

6. Um die Zukunft zu .... , müssen die Zeitungen sich ändern.

7. Die Zeitungen dürfen keine Kompromisse bei der Qualität ....

8. Es muss möglich sein, in der Zeitung über die Themen zu ....

9. Viele Jugendliche wollen vor allem berühmt ....

10. Sie .... nach Berühmtheit und bezahlen oft teuer dafür.

11. Es gibt Menschen, die sich nicht gern in der Öffentlichkeit ....

12. Nach der Debatte muss man zu einem Ergebnis ....

aktualisieren

bewegen

debattieren

einführen

eingehen

geben

halten

kommen

~~kosten~~

sichern

streben

werden

3 Wortfelder

Im Silbenrätsel finden Sie 16 Nomen. 9 davon aus dem Wortfeld „Politik" und 7 aus dem Wortfeld „Medien".

Ab	Ar	Be	Re	Re	Re	Re	Ko	Kom	Nach	Mehr	Men	Par	Wahl	Min	Jour
	cher	che	der	ge	ge	gie	heit	heit	kampf	kel	la	lis	ment	mi	
miss	mus	na	ne	ord	por	por	pro	re	rech	rich	richt	rung	schen		
		ta	te	te	tee	ten	ter	ti							

die/die Abgeordnete **Politik**	**Medien**

4 Die kleinen Wörter

a *Jedenfalls – auf jeden Fall:* Lesen Sie den Beispielsatz und ergänzen Sie dann 1–4.

Wir hatten eine gute Debatte. Jedenfalls (*etwa:* eigentlich nur) am Anfang, später war es etwas chaotisch.
Wir wollen die Debatte aber auf jeden Fall fortsetzen. (*etwa:* unbedingt)

1. Er ist ein netter Mensch, ... solange er nicht wütend wird.

2. Ihr müsst mich .... besuchen und euch meine neue Wohnung ansehen.

3. Wir kommen ...., wenn wir gesund bleiben.

4. Wir wollen zusammenbleiben, ... so lange, bis Ralf nach Deutschland geht.

b *Groß, stark, viele, viel* und *sehr* – Wo passt was? Ergänzen Sie die Wörter in der richtigen Form. Es gibt zum Teil mehrere Möglichkeiten.

1. Das Projekt hat *viel / großen*. Spaß gemacht und es war *sehr*. interessant.

2. In letzter Zeit hat es .... geregnet und es gab .... Überschwemmungen.

3. Riko hat sich über die .... Geschenke .... gefreut.

4. Ich muss etwas essen, ich habe .... Hunger und .... Durst.

5. Er ist ein .... Skifahrer und hat schon .... viele Rennen gewonnen.

6. Du musst dir .... Mühe geben, wenn du die Prüfung bestehen willst.

5 Wörter leichter lernen

Bilder, Wörter und Geschichten – Nehmen Sie ein Foto aus der Zeitung, auf dem möglichst viel passiert. Überlegen Sie sich zuerst, wie viele Wörter Ihnen dazu auf Deutsch einfallen. Schlagen Sie einige Wörter, die Ihnen nur in Ihrer Sprache einfallen, nach. Erfinden Sie eine Geschichte zum Bild.

Gestern habe ich die Nachrichten im Fernsehen gesehen. Im Parlament wurde über die Politik der Regierung diskutiert. Die Debatte wurde immer heftiger, als plötzlich ein ...

Training 6

STRUKTUREN TRAINIEREN

6 **Wörter und Texte**

Ein Bekannter bittet Sie darum, einen Brief zu korrigieren, da Sie besser Deutsch können.

– Fehler im Wort: Schreiben Sie die richtige Form an den Rand. (Beispiel 01)
– Fehler in der Satzstellung: Schreiben Sie das falsch platzierte Wort an den Rand, zusammen mit
  dem Wort, mit dem es vorkommen soll. (Beispiel 02)

Bitte beachten Sie: Es gibt immer nur einen Fehler pro Zeile.

Belgrad, den 28. Februar	
Sehr geehrten Damen und Herren,	01. *geehrte* ....
wir eine Gruppe von ungefähr 20 jungen Leuten sind,	02. *wir sind* ....
die im Mai Berlin besuchen möchten. Deshalb wir suchen zurzeit eine	1. ....
günstige Unterkunft für die Woche von 23.–30. Mai. Wir möchten Sie deshalb	2. ....
bitten, uns ein Angebot zu machen. Können Sie uns bitte auch mitteilen, wenn es im	3. ....
Hostel die Möglichkeit geben, selbst zu kochen?	4. ....
Da wir unsere Entscheidung sehr schnell getroffen müssen, möchte ich Sie bitten,	5. ....
mich Ihr Angebot möglichst noch im Laufe der Woche	6. ....
zuschicken. Könnten Sie mir auch eventuell Informationen	7. ....
um mögliche Gruppenermäßigungen beim	8. ....
öffentlicher Nahverkehr und bei Museen und Theatern zukommen	9. ....
lassen oder mir schreiben, wo könnte ich solche Informationen bekommen?	10. ....
Mit freundlichen Grüße	11. ....
Sandor Kovacs	

7 **Komparativ und Superlativ**

a **Schreiben Sie die Komparativ- und Superlativformen.**

jung	....	schädlich	....
gut	....	groß	....
viel	....	innovativ	....
hoch	....	höflich	....
nah	....	flach	....

b **Ergänzen Sie in die passende Formen aus 7a. Es gibt mehrere Möglichkeiten.**

1. Das alte Medikament hatte .... Nebenwirkungen als die Neuentwicklung.
2. Das Team hat gute Ideen. Es ist das .... Team, das ich in letzter Zeit gesehen habe.
3. In modernen Firmen gibt es oft .... Hierarchien als in traditionellen Unternehmen.
4. Also, ich finde, du hättest ruhig .... sein können. Die Dame war doch sehr nett.
5. Wenn man drei Sprachen spricht, hat man .... Chancen, eine gute Stelle zu finden.
6. In welchen Firmen sind die Gehälter .... ?
7. In welcher Branche entstehen die .... neue Jobs?
8. .... Menschen können oft .... mit
   dem Computer umgehen.

8 Fragewörter

Fragen Sie nach den unterstrichenen Satzteilen.

1. Ich möchte nicht mehr <u>über diese alte Geschichte</u> sprechen.
2. Sie haben sich <u>gegen meinen letzten Vorschlag</u> entschieden.
3. Wir müssen immer noch <u>mit Schwierigkeiten</u> rechnen.
4. Ich möchte noch einmal <u>darum</u> bitten, <u>dass alle pünktlich kommen</u>.
5. Ich möchte nicht immer <u>auf ein paar Langschläfer</u> warten.

Worüber möchtest du …?

9 Präpositionalpronomen

Ergänzen Sie ein passendes Präpositionalpronomen (*darüber …*)

1. Viele Menschen streben ...., berühmt zu werden.
2. Viele berühmte Menschen beklagen sich ...., dass sie sich nicht frei bewegen können.
3. Sie weisen .... hin, dass Berühmtheit viele Nachteile mit sich bringt.
4. Unter Journalisten herrscht Einigkeit ...., dass die Online-Medien immer wichtiger werden.
5. Die Printmedien müssen sich .... konzentrieren, Fakten gut zu recherchieren.

10 Temporale Präpositionen

Ergänzen Sie die Präpositionen und – wenn nötig – den Artikel.

ab • um • bis • außerhalb • nach • gegen • vor • innerhalb • während • während • seit

1. Du bist viel zu spät, wir wollten uns Viertel .... acht treffen, jetzt ist es Viertel .... acht.
2. Ich weiß noch nicht, wann ich morgen kommen kann, wahrscheinlich so .... acht Uhr.
3. Du darfst nicht zu spät kommen. Der Film beginnt .... 8:15 Uhr.
4. .... ganzen Ferien habe ich überhaupt nicht an die Schule gedacht.
5. Wir müssen uns beeilen. Die Präsentation muss .... einer Woche fertig sein.
6. Ich sitze schon .... zwei Wochen dran, aber ich werde einfach nicht fertig.
7. Tut mir leid, ich kann nur .... vier Uhr bleiben, wir bekommen heute Abend Besuch.
8. .... Schulferien ist die Bibliothek geschlossen.
9. .... Öffnungszeiten kann man Bücher weder ausleihen noch zurückgeben.
10. .... nächstem Montag ist die Bibliothek wieder normal geöffnet.

11 Tekamolo

Ergänzen Sie die Informationen an der markierten (▼) Stelle in der richtigen Reihenfolge.

1. Wir sind ▼ ins Kino gegangen und haben den neuen Film mit meiner Lieblingsschauspielerin Manon gesehen. (gestern Abend – zusammen)
2. Nach der Vorstellung wollten wir noch ▼ eine Kleinigkeit essen. (in einem Restaurant – gemütlich)
3. Wir haben uns ▼ über die Schauspieler unterhalten. (während des Essens – angeregt)
4. Dann aber behauptete Jorgo, dass Manon, ▼ nur noch peinliche Rollen spielt. (in allen Filmen – seit einiger Zeit)
5. Wir diskutierten ▼ über die ihre Rolle, (mindestens eine halbe Stunde lang – engagiert) bis wir uns schließlich ▼ gestritten haben. (heftig – eine Zeitlang)
6. Die anderen Gäste guckten ▼ zu uns. (wegen unserer steigenden Lautstärke – neugierig)
7. Jorgo konnte nicht verstehen, dass er mich ▼ gekränkt hatte. (durch seine Kritik an Manon – zutiefst)
8. Ich knallte Messer und Gabel auf den Tisch und verließ ▼ das Restaurant. (schließlich – empört)
9. Die Rechnung müsste Jorgo ▼ alleine bezahlen. (zur Strafe für seine blöde Kritik – danach)

1 Sprache im Kontext

a Lesen Sie den Text und die Aufgaben auf Seite 101. Kreuzen Sie bei jeder Aufgabe an: r (richtig), f (falsch) oder 0 (Der Text sagt dazu nichts.).

Duzen und Siezen in Beruf und Alltag

Es ist in vielen Situationen gar nicht so einfach zu entscheiden, wann ein „Du" oder ein „Sie" angebracht ist. Das gilt für den privaten und den beruflichen Bereich. Fest steht, dass sich das Duzen mehr und mehr ausbreitet. Lesen Sie im folgenden Artikel, welche Regeln für die Anredeform beachtet werden sollten und welche Vor- und Nachteile ein Duzen und Siezen mit sich bringen kann.

Trotz der Ausbreitung des Duzens gilt normalerweise für Erwachsene erst einmal das „Sie". Eine Ausnahme dieser Regel besteht im privaten Bereich, unter Familienangehörigen und Lebensgefährten. Studenten duzen
5 sich ebenfalls, wie generell alle jüngeren Menschen im ähnlichen Alter. Auch bei vielen Freizeitaktivitäten, z. B. in Vereinen, Diskotheken oder bestimmten Kneipen, wird geduzt.
Im beruflichen Leben hat das „Sie" immer noch Vorrang.
10 Berufseinsteiger oder Neuankömmlinge sollten erst einmal siezen bzw. sich nach den Anredeformen erkundigen. Wer sich unsicher ist, kann nachfragen, z. B.: *„Wie wollen wir es mit der Anrede halten?"*

Welche Vor- und Nachteile hat das Siezen?
15 Siezen drückt eine gewisse Distanz zum anderen aus. Diese Distanz kann unterschiedlich wirken. Ein „Sie" wirkt respektvoller und diskreter als ein „Du", aber auch formeller und förmlicher.
Im Geschäftsleben wird meistens gesiezt, ebenso im
20 privaten Bereich, wenn es sich um Kontakte zu fremden Menschen handelt. Das hat auch den Vorteil, dass man die Menschen in Ruhe kennenlernen kann, um dann zu entscheiden, ob ein „Du" angebracht ist. Eine Rückkehr zum „Sie" ist immer schwerer als ein Anbieten des „Du".
25 Beachten Sie auch, dass ein übereiltes Duzen in keiner Weise sicherstellt, dass ein freundschaftliches Verhältnis entsteht. Umgekehrt kann das Siezen durchaus einen freundschaftlichen, respektvollen Umgang miteinander bedeuten.

Welche Vor- und Nachteile hat das Duzen? 30
Das „Du" drückt eine gewisse Nähe, Intimität und Vertrautheit mit einem anderen Menschen aus. Das ist nicht nur im privaten Bereich der Fall. Vor allem bei Menschen gleichen Alters kann eine Geschäftsbeziehung schneller aufgebaut werden, wenn man sich duzt. Man 35 fühlt sich unter Menschen, die man duzt, ungezwungener und oft wohler. Auch Ehrlichkeit und Offenheit lassen sich schneller und einfacher realisieren. Eigene Unzulänglichkeiten werden offener gezeigt, Barrieren können schneller abgebaut werden. 40
Bedenken Sie jedoch, dass das nicht notwendig der Fall sein muss. Ein „Du" kann, wie oben beschrieben, ein respektvolles Miteinander erschweren und eine Vertrautheit suggerieren, die im Umgang miteinander nicht gelebt wird. 45
Ein „Du" kann sogar abwertend gemeint sein, z. B. wenn ein fremder Mensch anderer Nationalität einfach geduzt wird, ohne dass ihm das „Du" vorher angeboten wurde. Das ist nicht nur unhöflich, sondern respektlos.

Knigge: Wer bietet wem das „Du" an? 50
Grundsätzlich gilt, dass der Ranghöhere dem Rangniedrigeren das „Du" anbietet.

Im privaten Leben:
– Normalerweise bietet die Frau dem Mann das „Du" an.
– Der Mann bietet der Frau das „Du" an, wenn er 55
  gesellschaftlich deutlich höher als sie steht.
– Der/Die Ältere bietet dem/der Jüngeren das „Du" an.

	r	f	0
1. Alle Erwachsenen siezen sich, wenn sie sich nicht näher kennen.			
2. Es gibt viel verschiedene Gründe für das Ausbreiten des Duzens.			
3. Wenn man in eine neue Firma kommt, sollte man die Kollegen zunächst siezen.			
4. Man kann leicht zwischen der formellen und informellen Anredeform wechseln.			
5. Durch Duzen entsteht nicht immer eine freundschaftliche Beziehung.			
6. Ausländer verwenden die Anredeformen oft nicht angemessen.			
7. Wer wem das „Du" anbietet, hängt vom Alter, Geschlecht und sozialer Position ab.			

b   Lesen Sie 1–3 und formulieren Sie höfliche Bitten. Vergleichen Sie im Unterricht.

Situation 1:	Situation 2:	Situation 3:
Sie haben eine Platzreservierung, und als Sie in den Zug kommen, sitzt schon jemand auf Ihrem Platz.	Sie haben eine Hose gekauft. Als Sie nach Hause kommen, sehen Sie, dass die Hose einen Farbfehler hat. Sie möchten sie umtauschen.	Sie sind im Zug und haben einen großen Koffer. Sie müssen durch den Gang zu Ihrem Platz gehen, der Gang ist aber mit anderen Koffern versperrt.

2   Varietäten

Verben und Nomen mit Präpositionen – Ergänzen Sie die Präpositionen. Zwei bleiben übrig.

bei • von • als • von • zu • nach • über • durch

1. Die deutsche Sprache zeichnet sich .... eine Vielzahl von Dialekten aus.

2. Man kann die Zugehörigkeit .... einer sozialen Gruppe dadurch signalisieren, dass man einen bestimmten Sprechstil verwendet.

3. Man kann Sprache nicht nur .... Mittel zum Informationsaustausch nutzen, sondern man kann sich mit ihr auch als Mitglied einer sozialen Gruppe präsentieren.

4. Alle Menschen verfügen .... mehrere sprachliche Varietäten, die sie je nach Situation verwenden.

5. Wenn ältere Menschen .... der Jugendsprache Gebrauch machen, dann wirkt das seltsam.

6. Welche Sprachvarietät man verwendet, hängt .... der Situation und den anderen Kommunikationsteilnehmern ab.

3   Wortschatzarbeit: *schreiben*

Ergänzen Sie die passenden Vorsilben für das Verb *schreiben*.

1. Den Vertrag habe ich mitgebracht, können Sie bitte hier ....schreiben?

2. Bitte schreiben Sie die wichtigen Infos von der Tafel ....

3. Mist, jetzt habe ich mich ....schrieben. Hast du einen Radiergummi?

4. Der Autor ....schreibt sehr lebendig die Personen.

5. Hast du mal einen Zettel, dann kann ich deine Adresse ....schreiben.

4   Jugendsprache

CD 36   **a   Sie hören einen Ausschnitt aus einem Interview in Radio LOTTE über das Jugendwort des Jahres.**

1. Vorschläge für das Jugendwort des Jahres kommen …
   [a] hauptsächlich von Jugendlichen.
   [b] überwiegend von Journalisten und Redakteuren.
   [c] hauptsächlich von Kindern.

2. Die Jury, die das Jugendwort des Jahres wählt, …
   [a] besteht aus linguistischen Fachleuten.
   [b] ist vielfältig zusammengesetzt.
   [c] besteht aus Jugendlichen.

3. Auf die Top-15-Liste …
   [a] kommen vor allem die am häufigsten genannten Wörter.
   [b] kommen die originellsten und kreativsten Wörter.
   [c] darf jedes Jury-Mitglied ein Wort schreiben.

4. Das Jugendwort des Jahres …
   [a] kann eine Wortneuschöpfung sein.
   [b] muss allen Jugendlichen bekannt sein.
   [c] ist die Übersetzung eines Wortes aus der Hochsprache.

5. Niveaulimbo …
   [a] bezeichnet einen Tanz.
   [b] fasst ein bekanntes Phänomen originell zusammen.
   [c] bezeichnet langweilige Fernsehsendungen.

**b   Schreiben Sie eine Definition von „Niveaulimbo"
in eigenen Worten.**

Jugendliche tanzen Limbo

5   Relativsätze mit *was, worüber …*

a   Ergänzen Sie ein passendes Relativpronomen: *was, worüber, wo(r)…*

1. Meine Gastfamilie in Deutschland hat mit mir Hochdeutsch gesprochen, ... ich erst normal fand.

2. Auf dem Land in Bayern habe ich aber fast nichts verstanden, ... ich ganz traurig war.

3. Mein Gastbruder sagte, dass er die Leute oft auch nicht verstehen kann, ... ich erleichtert war.

4. Mein Gastbruder hat mir immer wieder geholfen und übersetzt, ... ich ihm dankbar war.

5. Ich habe ihm erzählt, dass es bei uns viele Sprachen gibt, ... er sich schwer vorstellen konnte.

b   Ergänzen Sie die Relativpronomen und – wenn nötig – die Präposition. Markieren Sie das Wort, auf das sich das Relativpronomen bezieht.

1. In Deutschland habe ich eine Situation erlebt, ... ich sehr lustig fand.

2. Es gab viele Missverständnisse, ... ich im Nachhinein viel gelacht habe.

3. Die Übersetzungen, ... ich dankbar war, haben mir geholfen, die Deutschen zu verstehen.

4. Ich habe den Leuten von Sprachen aus meiner Heimat erzählt, ... sie noch nie gehört hatten.

6   Eine Beschwerde

In dem Brief sind 10 Fehler (5 Verbformen, 5 falsche Präpositionen). Korrigieren Sie.

Sehr geehrte Damen und Herren,

heute wende ich mich zu Sie mit einer Beschwerde. Ich habe vom 30. 6. zu 6. 7. an der von Ihnen organisierten Kanutour auf der Lahn teilnehmen und bin mit der Organisation der Tour sehr unzufrieden. Laut Prospekt sollte ein ortskundiger Führer die Tour begleiten. Dieser wird aber krank und Sie haben auch auf mehrmalige Aufforderung hin nicht auf Ersatz gesorgt, so dass wir in der Gruppe von acht Leuten auf uns alleine gestellt waren. Wir haben kaum Informationen mit die Übernachtungsmöglichkeiten und Restaurants und haben erst für mehreren Telefonaten mit Frau Wegener die Adressen bekommen. Auch war die Ausrüstung zum Teil nicht in Ordnung (die Halterung in Kanu 2 und 4 war kaputt) und wir haben keinen Ersatz bekommen gekonnt.
Ich möchte deshalb den Reisepreis rückerstattet bekommen und bitten Sie, diese Angelegenheit zügig zu erledigen.

Mit freundlichen Grüßen
Peter Weishaupt

Überblick

Sprachgebrauch nach Situation unterscheiden

Unter Freunden benutzt man eine informelle Anredeform. Man duzt sich meistens.
Studenten und andere jüngere Menschen im gleichen Alter duzen sich in der Regel.
Bei der Arbeit zieht man die formelle Anredeform vor. Man siezt sich.
Der Lehrer oder die Lehrerin duzt die Schüler bis zur 9. Klasse.
Ab der 10. Klasse werden die Schüler gesiezt.

Einen Text zum Thema „Varietäten" verstehen

Deutsch zeichnet sich dadurch aus, dass es eine Vielzahl unterschiedlicher Varianten aufweist.
Die Sprachvarietäten werden nach Sprachebenen, sozialen Gruppen, Regionen oder funktionalen Aspekten
unterschieden.
Die Verwendung einer bestimmten Varietät signalisiert die Zugehörigkeit zu einer sozialen Gruppe.
Die meisten Sprecher verfügen über mehrere Varietäten, von denen sie situationsspezifisch Gebrauch machen.

Über Jugendsprache sprechen

Der Jugendslang gehört zum Erwachsenwerden dazu.
Jugendliche wollen sich auch sprachlich von ihren Eltern abgrenzen.
Die Jugendsprache verändert sich schnell.
Die Jugendsprache ist regional unterschiedlich.

Beschwerden formulieren

mündlich (eher informell)	schriftlich (eher formell)
Ich muss mit Ihnen mal über … sprechen.	Ich wende mich an Sie mit einer Beschwerde.
Ich habe ja nichts gegen …, aber …	Mehrmalige Gesprächsversuche meinerseits blieben erfolglos, da Herr K. das Gespräch mit mir vermeidet.
Der macht das dauernd.	
Ich wollte mit ihm sprechen, aber …	Ich bitte Sie darum, diese Angelegenheit mit Herrn K. zu regeln.

Nützliche Ausdrücke

Beispiele für etwas nennen	als Mittel zu etwas nutzen
sich auszeichnen durch	über etwas verfügen
Zugehörigkeit signalisieren	Gebrauch machen von

Grammatik kurz und bündig

Relativsätze mit *was, worüber*, …

<u>Junge Leute erfinden neue Wörter.</u> **Das** finde ich interessant.

<u>Junge Leute erfinden neue Wörter</u>, **was** ich interessant finde.

<u>Junge Leute erfinden neue Wörter.</u> **Darüber** bin ich nicht überrascht.

<u>Junge Leute erfinden neue Wörter</u>, **worüber** ich nicht überrascht bin.

Besondere Orte

1 Fünf besondere Orte

a Ordnen Sie die Adjektive in die Tabelle ein.

langweilig • sonnenreich • eindrucksvoll • ~~flugunfähig~~ • familienfreundlich • einzigartig • 5-tägig • besucherstark • landestypisch • zahlreich • nervenstark • ereignislos • unbequem

positiv	negativ	sachlich/neutral
		flugunfähig

b Bilden Sie Adjektive mit *un-* + Adjektiv und Nomen + *-los*. Kontrollieren Sie mit dem Wörterbuch.

BEQUEM • ARBEIT+S • ERFOLG • FÄHIG • ANGENEHM • WISSEND • KINDER • HILFE

c Bilden Sie das Gegenteil zu den Adjektiven mit *-los* durch die Nachsilbe *-reich*.

d Ordnen Sie die Adjektive in die Tabelle ein.

frei stehend • gut beschildert • fließend • spannend • authentisch wirkend • nie geklärt • viel besucht • selten geworden • atemberaubend

Partizip I	Partizip II

e Schreiben Sie die Sätze zu Ende.

1. Ein frei stehendes Haus ist ein Haus, *das frei steht. (= Das Haus steht mit Abstand zu den Nachbarhäusern.)*
2. Ein viel besuchter Park *ist ein Park.*
3. Ein authentisch wirkendes Restaurant
4. Eine selten gewordene Tierart
5. Ein spannendes Erlebnis
6. Ein nie geklärter Mord
7. Ein gut beschilderter Wanderweg

2 Über einen besonderen Ort berichten

CD 37–39 **a Hören Sie die drei Dialoge und ordnen Sie die Sprechabsichten A, B und C zu:**

A Überraschung • B große Überraschung mit Zweifeln • C starke Zweifel.

1. Wirklich? [ ]
2. Bist du sicher? [ ]
3. Nein, das glaube ich nicht! [ ]
4. Ist das wahr? [ ]
5. Das ist ja unglaublich! [ ]
6. Das hätte ich nicht gedacht! [ ]

b Wählen Sie aus jeder Gruppe in 2a (A, B, C) eine Äußerung. Notieren Sie die passende Äußerung zu den Sätzen. Vergleichen Sie im Unterricht.

1. Man hat herausgefunden, dass die Erde nicht rund ist. ....

2. Der dickste Mensch der Welt wiegt über 300 kg! ....

3. In Deutschland gibt es mehr als 10 Inseln. ....

3 N-Deklination – mit Sprache spielen

a Schreiben Sie Sätze. Es gibt viele Möglichkeiten. Vergleichen Sie im Unterricht.

1. Demonstrant	Polizist	Gedanke
2. Schülerin	Junge	Affe
3. Lieferant	Kollege	Kunde
4. Präsident	Journalist	Praktikant
5. Architekt	Nachbar	Elefant

Zwei Demonstranten erzählen einem Polizisten von ihrem Elefanten.

b Schreiben Sie Sätze. Es gibt viele Möglichkeiten. Nicht alle Nomen haben die N-Deklination.

1. Das Kind spielt mit	Fisch
2. Der Mann heiratet	Impressionist
3. Dem Bären schmeckt	Krankenschwester
4. Im Museum hängt das Bild	Produzent
5. Der Schauspieler spricht mit	Stoffhase

Dem Bären schmeckt der Fisch.

4 Wortschatz trainieren: Tourismus-Wörter

Setzen Sie die Wörter in der richtigen Form in den Text ein.

Wahl • garantieren • auf Wunsch • genießen • erstklassig • Standard • erleben • Übernachtung • Blick • zur Verfügung • Tour • Winterlandschaft • unvergesslich • Angebot

Auf dem höchsten Berg Deutschlands und *im Herzen* eines der beliebtesten Skigebiete können Sie eine .... der besonderen Art

.... Sie können in einem Igludorf wohnen. Sie haben die .... zwischen

.... -Iglus für sechs Personen, Romantik-Iglus für Pärchen oder dem Romantik-Iglu-Plus mit Whirlpool

und eigenem WC.

.... Sie die grandiose Kulisse mit .... über vier Länder. Auch ein Besuch der

Iglu-Bar .... Genuss: coole Musik, ein .... Service sowie ein kleines, aber feines

.... an Spezialitäten des Hauses.

Machen Sie auch mit bei einer geführten ....

durch die wunderschöne .... mit Start und

Ziel im Iglu-Dorf. Schneeschuhe stellen wir Ihnen kostenlos

.... Ein

.... Erlebnis ist auch ein Iglu-Bau-Kurs;

individuelle Kurse sind .... möglich.

5 **Superlativ-Ausdrücke**

Kombinieren Sie die
Wörter und schreiben
Sie Sätze.

Marylin Monroe Michael Jackson Titanic Tee Tokyo der Elefant Goethe das Allgäu Venedig	berühmter Musiker romantischer Ort schöne Frau große Stadt beliebtes Getränk berühmter Autor viel gesehener Film beeindruckendes Tier beliebte Urlaubsregion

Das Allgäu ist eine der beliebtesten Urlaubsregionen Deutschlands.

6 **Touristen im Reisebüro**

a **Ergänzen Sie den Dialog mit Redemitteln von Seite 107. Sie müssen sie z. T. etwas anpassen.**

Angestellte: Guten Tag. ....

Kundin Ich möchte Ende März eine Woche Urlaub machen und habe noch keine Idee, wo.

Angestellte Welche Vorstellungen haben Sie denn? Möchten Sie ans Meer? Möchten Sie Sport treiben? Möchten Sie
viel besichtigen?

Kundin .... Erholung. Deshalb wäre Urlaub am Meer
wohl am besten. Aber ein paar Sehenswürdigkeiten würde ich mir auch ansehen.

Angestellte ...., in die Türkei zu fahren.
Da ist das Wetter in der Zeit schon angenehm und es gibt einiges zu sehen.
Die Kalkfelsen von Pamukkale ....
Das .... wirklich.

Kundin ...., wenn das Hotel am Meer wäre und
das Essen dort gut wäre – aber mit den typischen Spezialitäten.

Angestellte Da habe ich eine wunderbare Empfehlung für Sie. Dieses Hotel hier, sehen Sie mal hier im Prospekt.

Kundin Sehr schön. Ich buche diese Reise!

Angestellte ....

CD 40 **b** **Veranstaltungskalender – Hören Sie die Nachricht. Korrigieren Sie während des Hörens die falschen
Informationen oder ergänzen Sie die fehlenden Informationen.**

Termin	Zeit	Aktivität	Ort	Preis
Fr, 15. 4.	20 Uhr	Aquafit	Schwimmbad Wittdün	frei
Sa, 16. 4.	10 Uhr	Radtour	Strandübergang Nebel	kostenlos für Kurgäste
So, 17. 4.	15 Uhr	Straßenfest, Verkauf von Kaffee und Kuchen	Norddorf	frei
Mo, 18. 4.	20 Uhr	Jazz-Dance	Gymnastikhalle Wittdün	7 Euro
Di, 19. 4.	9.30–13Uhr	Aquarellmalkurs	Haus des Gastes Nebel	75 Euro inkl. Material
Mi, 20. 4.	11 Uhr	Schifffahrt nach Sylt	Hafen Wittdün	23 € Kinder 43 € Erwachsene

Überblick

Texte zu Tourismus verstehen und schreiben

Die mecklenburgische Seenplatte ist eine außergewöhnliche Landschaft.
Ihnen eröffnen sich hier grenzenlose Möglichkeiten.
Mehrtagesausflüge runden das Angebot ab.
Wer das Abenteuer sucht, der kann …
An den naturbelassenen Flüssen gibt es eine unglaubliche Artenvielfalt.
Helgoland ist einer der sonnenreichsten Plätze Deutschlands.
Der Lummensprung ist ein eindrucksvolles Naturschauspiel.
Im Bärenpark kann man Bären in ihrem natürlichen Lebensraum beobachten.
Der Park ist ein einzigartiges Tierschutzprojekt.
Der Europapark ist der besucherstärkste Freizeitpark Deutschlands.
Neuschwanstein gehört zu den meistbesuchten Schlössern Europas.

Erstaunen ausdrücken

Ich habe nicht gewusst, dass es …   Ich hätte nicht gedacht, dass …
Stell dir vor …   Das wundert mich!

Gespräche beim Reisen verstehen und führen

Empfehlungen geben	Wünsche äußern	Service-Sätze
Ich würde Ihnen … empfehlen.	Mir/Uns geht es vor allem um …	Was kann ich für Sie tun?
… lohnt sich wirklich.	Für mich wäre es schön, …	Kann ich Ihnen sonst noch irgendwie helfen?
… müssen Sie gesehen haben.		

Nützliche Ausdrücke

jede Menge   sich familienfreundlich präsentieren
das gibt es kein zweites Mal   einen angenehmen Lebensabend verbringen
die benachbarte Insel   es wird einiges geboten
zwischen zwei Angeboten wählen   einen lebendigen Eindruck gewinnen

Grammatik kurz und bündig

1 N-Deklination

Nominativ	Akkusativ	Dativ	Genitiv
der Bär	den Bär**en**	dem Bär**en**	des Bär**en**
der Tourist	den Tourist**en**	dem Tourist**en**	des Tourist**en**

Maskuline Nomen mit den Endungen *-e, -ist, -ast, -ent, -ant, -and, -at*
und einige maskuline Nomen von Personen und Tieren *(Mensch, Herr, Nachbar, Bär …)*
werden nach der n-Deklination dekliniert.

In der gesprochenen Sprache lassen die Sprecher/innen die Endungen heute häufig weg.

2 Superlativ-Ausdrücke

	unbestimmter Artikel	Genitiv Plural	bestimmter Artikel Genitiv
Das Schloss ist	eines	der schönsten Schlösser	der Welt.

1 Geld verdienen

Ergänzen Sie den Text.

Ich möchte später einmal im künstlerischen Bereich arbeiten. Ich

intere _ _ _ _ _ _ mich f _ _ Musik, The _ _ _ _ und Kaba _ _ _ _ und ha _ _

auch sc _ _ _ an ein _ _ _ _ Aufführungen mitgew _ _ _ _. In die _ _ _ Bereich

i _ _ es se _ _ selten, da _ _ man ei _ _ feste Ste _ _ _ bekommt. Meis _ _ _ _

arbeitet m _ _ freiberuflich. D _ _ ist zw _ _ für mi _ _ ein Nach _ _ _ _, weil

i _ _ dann spä _ _ _ keine finan _ _ _ _ _ _ Sicherheit ha _ _, aber i _ _ könnte

m _ _ nicht vorst _ _ _ _ _, eine langw _ _ _ _ _ _ Arbeit in ei _ _ _ Büro zu

mac _ _ _, nur um ei _ _ feste Ste _ _ _ zu beko _ _ _ _. Vielleicht mu _ _ ich

au _ _ am Anf _ _ _ irgendeinen J _ _ annehmen, um Ge _ _ zu verd _ _ _ _ _,

damit i _ _ das mac _ _ _ kann, w _ _ ich wirk _ _ _ _ will: a _ _ der Bü _ _ _

stehen. Aber ich hoffe, dass ich mich auf die Dauer durchsetzen werde und

so viele Engagements bekomme, dass ich davon leben kann.

2 Online zum Millionär

a Ordnen Sie Wörter und Definitionen zu. Zwei bleiben übrig.

freiberuflich • ein Start-up • anfangs • ausverkauft • gründen • die Marktlücke • expandieren • entwerfen

1. ein Bereich, in dem es bis jetzt noch kein geeignetes Angebot/Produkt gibt ....
2. restlos verkauft ....
3. etwas, z. B. eine Firma, wächst, wird größer ....
4. zu Beginn ....
5. etwas Neues planen und dafür eine Skizze machen ....
6. ein neu gegründetes Wirtschaftsunternehmen ....

b Ergänzen Sie die Wörter aus 2a in den Sätzen.

1. Wenn man eine .... entdeckt, kann man viel Geld verdienen.
2. Tut mir leid, ich habe keine Karten mehr bekommen. Das Konzert war sofort ....
3. Als ich nach Deutschland gekommen bin, habe ich .... fast nichts verstanden.
4. Wenn Unternehmen ...., dann brauchen sie oft auch mehr Mitarbeiter.
5. Die Designer haben ein neues Logo für die Firma ....
6. Viele Menschen haben gute Geschäftsideen, aber nur wenige gründen ein ....

c Ergänzen Sie die passenden Verben in der richtigen Form.

finden • machen • gehen • erfüllen • aufnehmen • stellen • stehen • kommen

1. Die neue Geschäftsidee hat schnell weltweit Anerkennung ....
2. Es gibt Menschen, die an sich selbst immer den Anspruch ...., perfekt zu sein.
3. Oft ist es unmöglich, die Erwartungen von allen Beteiligten zu ....
4. Viele Start-ups .... anfangs Verluste und sind dennoch erfolgreich.
5. In vielen Prüfungen .... mehrere Schreibaufgaben zur Auswahl.
6. Schade, wenn ich auf die Idee .... wäre, könnte ich jetzt Millionär sein.
7. Die Firmengründer sind mit ihrer Firma sofort online ....
8. In der Gründungsphase müssen Start-ups oft bei der Bank einen Kredit ....

3 Tipps für Unternehmensgründer

a Kreuzworträtsel –
Finden Sie die Eigenschaften,
die junge Unternehmer
brauchen.

1. die Fähigkeit, mit anderen gemeinsam erfolgreich zu arbeiten
2. die Fähigkeit, trotz aller Hindernisse sein Ziel zu verfolgen oder bei seiner Meinung zu bleiben
3. waagerecht: das Gegenteil von Faulheit
3. senkrecht: die Fähigkeit, sich an unterschiedliche Bedingungen anzupassen
4. die Fähigkeit, neue und originelle Wege und Lösungen zu finden
5. ein starkes Streben nach Erfolg und Ruhm
6. extreme Sparsamkeit
7. das Gegenteil von Feinfühligkeit

b Verbinden Sie die Sätze mit den Wörtern in Klammern wie im Beispiel.

1. Sie haben sich am Wochenende nicht ausgeruht. Sie haben Party gemacht. (anstatt … zu)
2. Sie haben nicht beim Aufräumen geholfen. Sie sind einfach nach Hause gefahren. (anstatt … zu)
3. Sie haben sich nicht vorbereitet. Sie sind in die Prüfung gegangen. (ohne … zu)
4. Sie haben nicht Bescheid gesagt. Sie sind eine Woche zusammen weggefahren. (ohne … zu)
5. Er hat gar nicht gefragt, was eigentlich passiert ist. Er hat sich sofort aufgeregt. (anstatt … zu)
6. Sie ist nach links abgebogen. Sie hat sich nicht umgeguckt. (ohne … zu)
7. Er hat nicht die öffentlichen Verkehrsmittel genommen. Er ist mit dem Auto gefahren. (anstatt … zu)
8. Sie haben die Adresse schnell gefunden. Sie haben den Navigator nicht eingeschaltet. (ohne … zu)

Anstatt sich am Wochenende auszuruhen …

c Wiederholung: Schreiben Sie die Sätze mit *um … zu*.

1. Firmengründer müssen sehr genau kalkulieren. Sie wollen größere Verluste vermeiden.
2. Sie machen Radiowerbung. Sie wollen möglichst viele Kunden erreichen.
3. Sie mussten Kontrollverträge unterschreiben. Sie wollten das Müsli als Bioware anbieten können.
4. Sie erkunden die Märkte in anderen europäischen Ländern. Sie wollen dorthin expandieren.
5. Zur Firmengründung braucht man Hartnäckigkeit. Man muss auch schwierige Phasen durchstehen.

Firmengründer müssen sehr genau kalkulieren, um …

4 **Die beliebtesten Unternehmen – Warum Studenten arbeiten**

a Sehen Sie sich die Grafik an und lesen Sie die Aussagen 1–6. Kreuzen Sie an.
R (richtig), F (falsch) oder 0 (Es gibt keine Informationen dazu).

Motive der Studierenden für ihre Erwerbstätigkeit
Gewichtet auf einer 4-stufigen Skala von 1 (trifft gar nicht zu) bis 4 (trifft völlig zu).

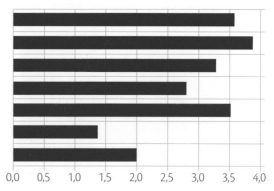

um den Lebensunterhalt zu bestreiten

um sich etwas leisten zu können

um praktische Erfahrung zu sammeln

um Kontakte für eine spätere Beschäftigung zu knüpfen

um finanziell unabhängig zu sein

um andere mitzufinanzieren

um später möglicherweise eine Beschäftigung zu haben

0,0   0,5   1,0   1,5   2,0   2,5   3,0   3,5   4,0

Nach: www.uni-heidelberg.de/studium/journal/2006/12b/studlebarbeit

	R	F	0
1. Viele Studenten arbeiten, um ihren Alltag zu finanzieren.			
2. Ungefähr die Hälfte der Studenten arbeitet, um bessere Berufschancen zu haben.			
3. Studenten arbeiten, weil sie sich einen Urlaub oder anderen Luxus leisten wollen.			
4. Die meisten Studenten arbeiten, um andere Menschen zu unterstützen.			
5. Studenten brauchen gute Kontakte, um später eine gute Beschäftigung zu finden.			
6. Finanzielle Selbstständigkeit ist für die erwerbstätigen Studenten wichtig.			

b Beschreiben Sie die Grafik in einem Text. Vergleichen Sie im Unterricht.

5 **Ein Unternehmen vorstellen**

CD 41 **a** Hören Sie den Vortrag und kreuzen Sie die richtige Antwort an.

1. Die beiden Firmen sind …
   [a] vor zwanzig Jahren gegründet worden.
   [b] in den zwanziger Jahren gegründet worden.
   [c] nach dem 2. Weltkrieg gegründet worden.

2. Adidas …
   [a] ist der Familienname des Gründers.
   [b] ist ein frei erfundener Name.
   [c] besteht aus Teilen des Gründernamens.

3. Die drei Streifen als Markenzeichen …
   [a] waren schon auf den ersten Adidas Schuhen.
   [b] wurden für die Adidas AG 1949 erfunden.
   [c] haben Marketingexperten erfunden.

4. Der Sportschuhhersteller Puma …
   [a] war am Anfang Teil der Firma Adidas.
   [b] arbeitete eng mit Adidas zusammen.
   [c] war von Anfang an ein Konkurrent von Adidas.

5. Heute …
   [a] ist Adidas größer als Puma.
   [b] ist Puma größer als Adidas.
   [c] sind beide gleich groß.

b Hören Sie noch einmal und machen Sie Notizen.
Geben Sie den Inhalt anhand Ihrer Notizen schriftlich
wieder.

Überblick

Kurzvorträge halten / Über Geldverdienen sprechen

Am sichersten verdient man sein Geld, wenn man fest angestellt ist.
Ich bin der Meinung, dass man als Selbstständiger am besten verdienen kann.
Wenn man jobbt, kann man nicht so viel Geld verdienen, aber man kann sich auf diese Weise zum Beispiel einen Urlaub finanzieren.
Die Möglichkeit, selbstständig zu arbeiten, finde ich nicht so gut, weil man dann in unsicheren Verhältnissen lebt.

Texte über Geschäftsideen verstehen

Drei Studenten sind auf eine geniale Idee gekommen.
Die Firma hat den Anspruch, Bioware anzubieten.
Sie entdeckten eine Marktlücke.
Die Angst, anfangs Verluste zu machen, war groß.
Das Unternehmen expandierte in andere europäische Länder.

Eine Grafik interpretieren

Die Grafik mit dem Titel „Deutschlands beliebteste Arbeitgeber" stammt aus dem Jahr 2010.
Die Werte sind in Prozent angegeben.
Für die Grafik wurden 20 000 angehende Wirtschaftswissenschaftler befragt.

Nützliche Ausdrücke

zur Auswahl stehen
einen Anspruch (an sich selbst) haben
etwas tun, ohne viel nachzudenken
online gehen
Erwartungen erfüllen

einen Kredit aufnehmen
eine Kalkulation machen
Anerkennung finden
einen Preis gewinnen
etwas zur Verfügung stellen

Grammatik kurz und bündig

Sätze verbinden	
anstatt dass	**Anstatt dass** man in den Supermarkt läuft, kann jeder sein Müsli im Internet zusammenmixen. Jeder kann sein Müsli im Internet zusammenmixen, **anstatt dass** man in den Supermarkt läuft.
anstatt … zu	**Anstatt** in den Supermarkt **zu** laufen, kann jeder sein Müsli im Internet zusammenmixen. Jeder kann sein Müsli im Internet zusammenmixen, **anstatt** in den Supermarkt **zu** laufen.
ohne dass	**Ohne dass** sie viel nachgedacht haben, gründeten sie eine Firma. Sie gründeten eine Firma, **ohne dass** sie viel nachgedacht haben.
ohne … zu	**Ohne** viel nach**zu**denken, gründeten sie eine Firma. Sie gründeten eine Firma, **ohne** viel nach**zu**denken.

1 **Deutsche Fluchtgeschichten**

a Lesen Sie die Texte und schreiben Sie die Sätze 1–6 zu Ende. Vergleichen Sie im Unterricht.

Nach dem Kriegsende teilten sich die Alliierten die Verwaltung Deutschlands untereinander auf. Im Süden, Westen und Norden Deutschlands wurden
5 amerikanische, französische und britische Soldaten stationiert und im Osten sowjetische. Die Gebiete östlich der Flüsse Oder und Neiße kamen zu Polen bzw. zur Sowjetunion (Ostpreußen).
10 1949 entstanden aus den Besatzungszonen zwei Staaten: die Bundesrepublik Deutschland aus den Besatzungszonen der Amerikaner, Franzosen und Briten und die Deutsche Demokratische
15 Republik aus der Besatzungszone der Sowjetunion.

Vom Kriegsende bis zur endgültigen Absperrung am 13.08.1961 flohen ca. 3 Mio. Menschen in den Westen. In der DDR herrschte Mangelwirtschaft, die Produk-
20 tion kam nicht in Gang. In Westdeutschland wurde der wirtschaftliche Aufschwung durch den Marshall-Plan der Amerikaner gefördert. Da vor allem qualifizierte Menschen die DDR verließen, wurde die Situation für das Land immer schwieriger und die
25 DDR-Regierung verschärfte die Grenzkontrollen. Als dennoch immer mehr Menschen die DDR in Richtung Westen verließen, sperrte die DDR die Grenze zur BRD komplett und baute rund um Westberlin eine Mauer.

An der Berliner Mauer gab es etwa 5000 Fluchtversuche,
30 von denen aber mehr als 3000 scheiterten. Von 1961 bis 1989 fanden 239 Menschen bei Versuchen, die DDR zu verlassen, den Tod.
Ende der 80er Jahre flohen immer mehr DDR-Bürger über die ständige Vertretung der Bundesrepublik in Ostberlin
35 und die Botschaften der Bundesrepublik in Prag und Budapest. Nachdem 1989 die Grenzanlagen zwischen Ungarn und Österreich abgebaut worden waren, erreichte die Flüchtlingswelle neue Höhepunkte. Gleichzeitig nahmen die Proteste innerhalb der DDR immer mehr zu.
40 Schließlich wurde die Situation unhaltbar. Vor die Wahl zwischen massiver Gewaltanwendung und Öffnung der Grenzen gestellt, entschied sich die DDR-Regierung für die Grenzöffnung und damit, wenn auch unbeabsichtigt, für das Ende der DDR.

1. Nach dem Zweiten Weltkrieg ....

2. 1949 ....

3. Die DDR-Regierung schloss die Grenze, weil ....
....

4. Von 1961 bis 1989 versuchten ....

5. Nach der Öffnung der Grenze zwischen Ungarn und ....

6. Als die Situation immer schwieriger wurde, beschloss die DDR-Regierung, ...
....

b Hier sind einige der kuriosesten Fluchtgeschichten. Ordnen Sie die Bilder den Geschichten zu.

1 (1964)

Im kleinsten Automobil, einer „Isetta", versteckten sich neun Flüchtlinge, wo sonst Heizanlage und Batterie sind. Die Flucht gelang, weil niemand diesen Autotyp kontrollierte, da es unmöglich schien, dort Personen zu verstecken.

2 (1968)

Bernd Böttger, 28 Jahre, baute sich ein Mini-U-Boot und ließ sich damit durch die Ostsee nach Dänemark ziehen (25 km in 5 Std.). Danach wurde der Erfinder sofort von einer westdeutschen Firma eingestellt, um ein Serienmodell zu entwickeln. Der Aqua-Scooter oder Wasserschlitten wurde weltweit ein Geschäftserfolg.

3 (1977)

Ein holländischer Musiker wollte seiner Freundin helfen, in den Westen zu kommen. Er versteckte sie in einer der Lautsprecherboxen seiner Band. Die Grenzposten achteten nicht auf die Boxen, da der Mann sehr berühmt war.

5 (1979)

Ein anderer Mann versteckte sich im Bauch einer Plastikkuh, die als Ausstellungsstück in den Westen transportiert wurde. Der Mann blieb unbemerkt und seine Flucht gelang.

4 (1979)

Zwei Familien flohen in einem Heißluftballon in den Westen. Der Erbauer eignete sich alle Kenntnisse allein durch Fachliteratur an und testete selbst verschiedene Stoffe und Brennmaterialien. In 28 Minuten legten sie 40 km zurück und erreichten sicher ihr Ziel.

6 (1987)

Helke Dittrich, 25 Jahre, versteckte sich im Inneren von zwei aufeinandergelegten Surfbrettern, die innen hohl waren. Ihr Freund fuhr das Auto, auf dessen Dachgepäckträger die Bretter geschnallt waren, sicher über die Grenze.

2 **Der Autor und sein Roman**

CD 42 Lesen Sie die biografischen Notizen zu F.C. Delius. Hören Sie dann das Interview und beantworten Sie die Fragen 1–5.

Friedrich Christian Delius wurde 1943 in Rom geboren, wo sein Vater Pfarrer an der Deutschen Evangelischen Kirche war. Er ist das älteste von vier Geschwistern und wuchs von 1944 bis 1958 im hessischen Wehrda auf. Nach dem Abitur studierte er Literaturwissenschaften in Berlin, wo er sich auch in der Studentenbewegung der späten 60er Jahre engagierte. Er promovierte 1970 in Germanistik und arbeitete von 1970 bis 1978 als Lektor in verschiedenen Verlagen. Seit 1978 ist er freier Schriftsteller. Er schreibt meistens Romane, sehr oft zu Themen aus der Geschichte Deutschlands. 2007 bekam Delius den Joseph-Breitbach-Preis, den höchstdotierten Literaturpreis für deutschsprachige Autoren, 2011 den Georg-Büchner-Preis, der als der bedeutendste Literaturpreis des deutschen Sprachraums gilt. Die Deutsche Akademie für Sprache und Dichtung begründete Ihre Entscheidung u. a. damit, dass Delius als "kritischer, findiger und erfinderischer Beobachter (…) in seinen Romanen und Erzählungen die Geschichte der deutschen Bewusstseinslagen im 20. Jahrhundert erzählt" habe. Delius ist verheiratet und Vater von zwei Töchtern. Er lebt in Berlin und Rom.

1. Wie kam Delius zu der Geschichte des Romans?

....

2. Warum hat ihn diese Geschichte interessiert?

....

3. Was sagt Delius zu den Deutschen und den Reisen nach Italien?

....

4. Welches Verhältnis hatten DDR-Bürger/innen laut Delius zu ihrem Staat?

....

3 **Nachdenken über das Reisen**

Schreiben Sie über das Reisen. Die Fragen 1–5 dienen als Anregung für Ihren Text.

1. Warum reisen viele Menschen so gern?
2. Was ist der Nutzen des Reisens?
3. Welche Probleme verursacht das Reisen?
4. Manche meinen, wir sollten lieber in unserer Fantasie reisen statt in der Geografie. Wie sehen Sie das?
5. Wie ist das bei Ihnen persönlich: Reisen Sie gern? Welche Gefühle haben Sie beim Reisen?

4 **Wortschatz und Grammatik trainieren**

a **In welche Sätze passen diese Ausdrücke aus der Erzählung? Schreiben Sie sie in der richtigen Form in die Sätze.**

(einen) Entschluss fassen • geregelt sein • jemandem etwas ansehen • gelten als • die Welt genießen • sich blamieren • (einen) Wunsch befriedigen • vom Glück abhängen • (etwas) fürchterlich finden • (einen) Blick werfen auf

1. Gompitz .... die Sprache der Zeitungen im Westen ....
2. Er hat den ...., nach Westen zu reisen.
3. Man ...., dass er Angst hatte.
4. Die DDR-Grenze .... die gefährlichste Grenze der Welt.
5. Ob die Flucht nach Westen gelang, ... sehr viel ....
6. Die DDR-Bürger wollten reisen und ....
7. Gompitz hat seinen ...., nach Italien zu reisen.
8. Er hat einen schlechten Witz erzählt und .... total ....
9. Ich weiß nicht mehr wo wir sind. .... mal .... die Landkarte.
10. Bevor ich in Urlaub fahren kann, muss bezüglich meiner Arbeit alles ....

b **Endungen trainieren – Ergänzen Sie.**

1. Das weite Meer, die strahlend........ Sonne, der herrlich........ Strand, die stolz........ Vögel in der Luft, ich möchte ewig hier bleiben in dies........ Perle der Natur. Kein Auto, kein........ Lärm, kein........ Hektik! In dieser wunderbar........, reizvoll........ Landschaft entdecke und genieße ich die ganz........ Welt.
2. Am schönst........ Ort der ganz........ DDR führt er das bequemst........ Leben.
3. Die Rede an den nackt........ Offizier ist nicht geheuchelt gewesen.
4. Ihm fehlt nichts – außer der übrig........ Welt.
5. „Wegen fehlend........ Reisegründe müssen wir den Antrag ablehnen. Der Anlass ist kein konkret........ und kein familiär........, sondern ein touristisch........, das können wir nicht genehmigen."
6. Nach Jahren vergeblich........ Bemühens, auf legal........ Weg eine Deutschland- und Italienreise machen zu können, versuche ich heute Nacht, mit mein........ Segeljolle nach Dänemark zu gelangen.
7. Gegen halb zwölf sind auch im Westen die letzten hell........ Streifen in grau........ Schwärze versunken.
8. „Entschuldigen Sie, aber es war kein schwer........, sondern einfach........ Grenzdurchbruch."
9. Nach einer in Aufregung halb durchwacht........, halb unruhig durchträumt........ Nacht fährt er mit dem frühest........ Zug, dem EuroCity „Romulus", ins Gebirge hinein.
10. Ich wollte noch nach Großbritannien, aber das ging leider nicht wegen mein........ Frau.
11. Da muss es aber böse aussehen in dem Land, wenn sie ein........ Grenzdurchbrecher schon die nächst........ Reise anbieten.

Strandkorb an der Ostsee

Training 7

WORTSCHATZ TRAINIEREN

1 **Wortbildung**

a Sehen Sie sich das Beispiel an und schreiben Sie die passenden Adjektive mit *-betont* zu den Bildern.

Das Suffix *-betont* drückt aus, dass auf etwas besonderer Wert gelegt wird.

der Kampf • der Körper • das Gefühl • die Figur • ~~die Leistung~~

*leistung*s *betont* ....s...............

b In die folgenden Sätze passt jeweils einer der Wortanfänge mit dem Suffix *-bereit* oder *-bedürftig*.

hilfs… • hilfs… • kampf… • erklärungs… • dialog… • betriebs… •
verbesserungs… • reparatur…

1. Peter hat mein Fahrrad repariert. Er ist wirklich sehr *hilfsbereit*.

2. Dein Fahrrad war aber auch sehr *reparaturbedürftig*.
   Hast du jetzt auch wieder Licht?

3. Meine Oma lebt jetzt bei uns, weil sie sehr
   .... ist.

4. Wir können jederzeit miteinander reden. Ich bin
   ....

5. Ich verstehe nicht, wie mein Smartphone funktioniert. Das ist sehr ....

6. Das Smartphone hat viele Apps, die nicht funktionieren. Es ist noch sehr ....

7. Unser Kater ist total aggressiv. Er ist jederzeit ....

8. Mein Computer braucht morgens immer fünf Minuten, bis er .... ist.

2 **Nomen und Verben**

Jeweils ein Verb passt nicht zum Satzanfang. Markieren Sie es.

1. Jugendliche wollen sich von Ihren Eltern	abgrenzen – unterscheiden – ~~zerreden~~
2. Die Sprache zeigt, zu welcher Gruppe wir	passen – betonen – gehören
3. Die Situation bestimmt, welche Sprache wir	unterscheiden – benutzen – verwenden
4. Ich habe das Interview im Fernsehen	gesehen – verfolgt – verwundert
5. Man kann verschiedene Farben	kombinieren – mischen – beweisen
6. Die Jungunternehmer haben eine Marktlücke	ausgefüllt – entdeckt – gekauft
7. Letztes Jahr haben sie eine neue Filiale	aufgebaut – eröffnet – erfüllt
8. Man muss die Preise immer genau	kalkulieren – anbieten – berechnen
9. Hamburg ist eine Stadt, die zum Bleiben	einlädt – motiviert – bewahrt
10. Ich weiß nicht, wann die Veranstaltung	zutrifft – anfängt – stattfindet
11. Der Europapark hat mich sehr	beeindruckt – gehalten – begeistert
12. Man kann dort einen Eindruck von Europa	kaufen – gewinnen – bekommen

3 ### Adjektive

Ordnen Sie jeweils die Nomen zu, die zu <u>allen</u> Adjektiven in der Reihe passen.

Auto • ~~Bach~~ • Boot • Brücke • Fluss • Frau • Gebäude • Hose • Hund • Kleid • Mann • Produktion • Rede • Rock • Roman • Schiff •
See • Stadt • Technik • Text • Theaterstück • Wissenschaft • Film

1. *Bach*.. naturbelassen – breit – romantisch – ruhig
2. .... jahrhundertealt – sehenswert – beindruckend – modern
3. .... groß – schnell – teuer – reparaturbedürftig
4. .... kurz – figurbetont – modisch – preiswert
5. .... schön – hilfsbedürftig – jung – böse
6. .... effizient – produktiv – komplex – modern
7. .... abwechslungsreich – mitreißend – aufregend – lang

4 ### Die kleinen Wörter

***Nichts, nicht, nie* und *kein* – Ein Wort passt jeweils nicht. Markieren Sie es.**

1. Die Bürger der DDR durften *nie/nicht/~~kein~~* ins Ausland fahren.
2. In der DDR gab es *keine/nie/nicht* Reisefreiheit.
3. Tom hat die Kosten *nicht/nichts/nie* kalkuliert und deshalb hat er Pleite gemacht.
4. Er wird *keinen/nie/nichts* wieder einen Kredit von der Bank bekommen.
5. Wir haben leider *keine/nie/nicht* Zeit, um euch mal länger zu besuchen.
6. Ich wollte ein Geschenk für Pit kaufen, aber ich habe *nichts/nicht/nie* gefunden.
7. Du hast mich *nie/nicht/nichts* gefragt, ob ich Lust habe, wandern zu gehen.
8. Ich habe auch *keine/nicht/nie* Lust zum Wandern, aber es ist gesund.

5 ### Wörter leichter vergessen

Hier ein paar Tipps, wie Sie Ihr Deutsch leichter vergessen können. Wenn Sie das nicht wollen, dann schreiben Sie den Text in sein Gegenteil um. Vergleichen Sie im Unterricht.

Zunächst einmal ist es sehr wichtig, dass Sie möglichst wenig wiederholen. Am besten gar nicht. Sehr hilfreich ist auch, keinerlei Zeitung zu lesen. Wenn Sie im Internet deutschsprachige Seiten vermeiden können, dann tun Sie es. Kontakte mit deutschen Muttersprachlern sind natürlich schlecht für das Vergessen. Sie sollten sich auch nicht dadurch belasten, dass Sie deutschsprachige Fernsehsendungen im Fernsehen sehen oder Radiosendungen auf Deutsch hören. Auf Deutsch Texte zu schreiben ist besonders negativ für das Vergessen. Und eines ist klar: Sagen Sie nie wieder ein Wort auf Deutsch! Wenn Sie diese Regeln intensiv beachten, dann sind Sie Ihre Deutschkenntnisse in wenigen Jahren wieder los. Willkommen in der Sprachlosigkeit!
Das ist natürlich dann nicht günstig, wenn Sie später einmal aus beruflichen oder privaten Gründen doch Deutsch verwenden wollen. Aber man kann eben nicht alles haben.

Training 7

6 Wörter und Texte

Sie erhalten den folgenden Text. Leider ist der rechte Rand unleserlich. Rekonstruieren Sie den Text, indem Sie jeweils das fehlende Wort an den Rand schreiben.

Umfragen unter Singles zeigen: Männer bleiben zu Hause, Frauen reisen ▨ **Freunden.**	01. *mit*
Ferien, die schönste Zeit des Jahres und die meisten Deutschen verbinden ▨	02. *damit*
eine Urlaubsreise! Aber nicht alle. 40 Prozent der Singlemänner ▨	1. ....
zu Hause, weil sie nicht allein verreisen möchten. Sie treffen ▨	2. ....
mit Freunden in der Kneipe, gehen ins Sportstudio oder genießen	
das Fernsehprogramm. Singlefrauen dagegen ▨	3. ....
die Ferien mit Freundinnen und Freunden. So das ▨	4. ....
verschiedener Umfragen unter 20- bis 40-jährigen Singles.	
Jede zweite Singlefrau verreist mit Freunden. Bei den Singlemännern sind ▨	5. ....
nur 38 Prozent. 40 Prozent von ihnen bleiben dagegen lieber ▨	6. ....
Hause und verzichten während des Urlaubs auf Reisen, ▨	7. ....
sie in der Regel nicht allein fahren möchten. ▨	8. ....
29 Prozent der Singlefrauen bleiben deshalb zu Hause.	
24 Prozent der Singles fahren gern allein ▨	9. ....
den Urlaub. Und zehn Prozent der Singles sagen, dass es in der Vergangenheit im	
Urlaub oft zu Konflikten mit ihren Partnern oder Partnerinnen ▨.	10. ....

7 Indirekte Rede

Geben Sie die Sprichwörter und Zitate in indirekter Rede im Konjunktiv I oder – wenn nötig – im Konjunktiv II wieder.

1.
Ein Sprichwort besagt: „Die Zeit heilt alle Wunden."

2.
Ein Sprichwort stellt fest: „Wer nicht kommt zur rechten Zeit, der muss sehen, was übrig bleibt."

3.
Seneca (1–65, römischer Schriftsteller und Staatsmann), sagte: „Es ist nicht wenig Zeit, die wir zur Verfügung haben, sondern es ist viel Zeit, die wir nicht nutzen."

4.
Plinius der Ältere (23–79, römischer Gelehrter), sagte: „Jede Zeit ist umso kürzer, je glücklicher man ist."

5.
Napoleon Bonaparte (1769–1821, französischer Staatsmann), sagte: „Es gibt Diebe, die nicht bestraft werden und einem doch das Kostbarste stehlen: die Zeit."

6.
Ernest Hemingway (1899–1961, amerikanischer Schriftsteller), sagte: „Man braucht zwei Jahre, um sprechen zu lernen, und fünfzig, um schweigen zu lernen."

7.
Konrad Adenauer (1876–1967, deutscher Bundeskanzler), sagte: „Man darf niemals 'zu spät' sagen. Auch in der Politik ist es niemals zu spät. Es ist immer Zeit für einen neuen Anfang."

8.
John Steinbeck (1902–1968, amerikanischer Schriftsteller), sagte: „Man verliert die meiste Zeit damit, dass man Zeit gewinnen will."

9.
Albert Einstein (1879–1955, deutscher Physiker), sagte: „Ich denke niemals an die Zukunft. Sie kommt früh genug."

Ein Sprichwort sagt, die Zeit heile alle Wunden.

8 Adjektivdeklination

Ergänzen Sie – wo nötig – die Adjektivendungen.

Nationalparkregion Sächsische Schweiz

Im Osten Deutschlands, südöstlich............. von Dresden gelegen, schützt der Nationalpark Sächsische Schweiz einen über 36.000 Hektar groß............. Teil von dem Fluss Elbe geschaffenen Elbsandsteingebirges – und lädt
5 zu einer Entdeckungsreise ein, deren Geschichte bis in die Kreidezeit zurückreicht.
Im östlichst............. Bundesland Sachsen erschließt sich dem Naturliebhaber eine bizarr............. Erosions-landschaft der Kreidezeit, die in Mitteleuropa in dieser
10 Art einzigartig............. ist. Die Nationalparkregion Sächsische Schweiz ist geprägt von Felsformationen, tief geschnitten............. Tälern, Tafelbergen und Schluchten – Relief einer beindruckend............. Landschaft. Hier erblickt man selten geworden.............
15 Tierarten wie den Uhu, den Fischotter und den Sieben-schläfer. [...] Wer einen Überblick über das Land der Sächsischen Schweiz gewinnen möchte, kann die Felsen im Nationalpark über steil............. Wände er-klettern, aber auch den schön............. Ausblick auf
20 einer etwas gemütlicher............. Tour genießen. Dazu gehört der Weg auf die „Bastei", von wo aus man einen wundervoll............. Ausblick über die Elbe hat. Auf der Fahrt mit einem gemietet............. Ruderboot oder

mit einem der zahlreich............. Schiffe kann man die beeindruckend............. Landschaft übers Wasser erkunden. 25

Weitere Highlights der Nationalparkregion Sächsische Schweiz sind z. B. das Nationalparkhaus, die Festung Königstein, die Felsenbühne Rathen, das Raubschloss Flößersteig, die Postdistanzsäule in der Canaletto-Stadt Pirna und natürlich die einzigartig............. Stadt 30 Dresden. Zurück in der Natur der Nationalparkregion laden Wanderungen mit der Nationalparkwacht oder eine abenteuerlich............. Wasserfahrt mit dem Kahn durch die Schluchten ein. Ebenfalls zu empfehlen sind die romantisch............. Fahrten mit einem der 35 ältest............. Raddampfer der Welt über die Elbe oder mit der nostalgisch............. Kirnitzschtalbahn zum Lichtenhainer Wasserfall.

9 Lokale Präpositionen

Ergänzen Sie die Präpositionen und – wenn nötig – den Artikel.

~~ab~~ • oberhalb • unterhalb • entlang • jenseits • diesseits • bei • bei • um ... herum • an • in • in • über • von ... aus

1. In den Alpen wachsen *ab* ein*er* Grenze von ungefähr 2000 Metern keine Bäume mehr.
2. Das Restaurant liegt .... d............. Gipfels. Wir können erst essen und dann auf den Berg steigen.
   .... d.............Rheins gibt es viele Burgen und Burgruinen.
3. Wir sind hier in Schnetzenhausen. Das ist ein kleiner Ort .... Friedrichshafen am Bodensee.
   .... d............. Bodensees liegt die Schweiz, ... d............. Bodensees ist Deutschland.
4. Wir fahren im Urlaub immer .... d............. Bodensee und wohnen .... Freunden.
5. Letzten Winter sind wir .... d............. Berge gefahren.
6. Wir haben in einem kleinen Dorf gewohnt und .... d............. Dorf .... waren drei Skistationen.
7. Die Lage unseres Hotels war günstig. Wir konnten .... Hotel .... in wenigen Minuten fantastische Skigebiete erreichen.
8. Direkt .... d............. Hotels war auch eine Busstation und wir brauchten nur .... d............. Straße zu gehen und konnten mit dem Bus .... viele andere Skigebiete fahren.

WAS IST WO?

VERGANGENHEIT

▪▪▪ Modalverben im Perfekt

Modalverb mit Verb	Ich habe die Musik in einem Konzert live <u>miterleben</u> **können**.	Infinitiv
Nur Modalverb	Das hat er schon immer gut **gekonnt**.	Partizip II

ZUKUNFT

▪▪▪ Präsens und Futur I

Im Deutschen kann man auf viele Arten klar machen, dass man über die Zukunft spricht.

Präsens + Zeitangabe	Ich studiere **ab dem Sommer** Physik.
Präsens + Adverb	Ich studiere **voraussichtlich** an der ETH in Zürich.
Futur I (*werden* + Infinitiv)	Ich **werde** aber nicht in Zürich **wohnen**.

▪▪▪ Perfekt und Futur II

Wenn man deutlich machen möchte, dass etwas zu einem bestimmten Zeitpunkt in der Zukunft bereits geschehen ist, benutzt man das Futur II oder auch das Perfekt.

Futur II	In fünf Jahren **wird** Ralf fertig **studiert haben.**
Perfekt	In fünf Jahren hat er fertig studiert.
Futur II	Übermorgen **wird** Tim seine Präsentation schon **gehalten haben**.
Perfekt	Übermorgen hat er seine Präsentation schon gehalten.

KONJUNKTIV II

▪▪▪ *würde*-Form

Den Konjunktiv II von den meisten Verben bildet man so: würd- + Infinitiv.

Sie **würde** gern alleine **wohnen**.
Mit wem **würdest** du gern **tanzen**?

▪▪▪ Konjunktiv-II-Formen: *sein, haben, werden* und Modalverben

Bei *sein, haben, werden* und den Modalverben benutzt man diese Konjunktiv-II-Formen. Die Verbendungen sind wie im Präteritum.

Infinitiv	sein	haben	werden
ich/er/es/sie/man	wäre	hätte	würde
du	wärst	hättest	würdest
wir/sie/Sie	wären	hätten	würden
ihr	wärt	hättet	würdet

Ich hätte gern ein neues Fahrrad. Wäre das möglich? Würdet ihr mir eins kaufen?

Infinitiv	können	müssen	wollen	dürfen	sollen
ich/er/es/sie/man	könnte	müsste	wollte	dürfte	sollte
du	könntest	müsstest	wolltest	dürftest	solltest
wir/sie/Sie	könnten	müssten	wollten	dürften	sollten
ihr	könntet	müsstet	wolltet	dürftet	solltet

Könnte ich einen Termin am Dienstag bekommen?
Du solltest jeden Tag Sport machen, dann hättest du weniger gesundheitliche Probleme.

■■■ Konjunktiv-II-Formen einiger besonders häufiger Verben

Alle Verben haben auch eigene Konjunktiv-II-Formen. Diese Formen werden im modernen Deutsch aber kaum verwendet und als veraltet empfunden. Nur bei einigen Verben benutzt man häufig anstelle der *würde*-Form die Konjunktiv-II-Formen.

Infinitiv	finden	wissen	brauchen	geben
ich/er/es/sie/man	fände	wüsste	bräuchte	gäbe
du	fändest	wüsstest	bräuchtest	gäbest
wir/sie/Sie	fänden	wüssten	bräuchten	gäben
ihr	fändet	wüsstet	bräuchtet	gäbet

Wenn es das Internet nicht **gäbe**, könnte man nicht so leicht mit Freunden in Kontakt bleiben.
Ich **fände** es wichtig, dass die Anbieter dafür sorgen, dass die Privatsphäre geschützt bleiben kann.

■■■ Konjunktiv II – Gebrauch

Wünsche	Ich würde gern viel reisen.
Bedingungssätze	Wenn ich Zeit hätte, würde ich jeden Tag joggen.
Vorschläge	Wir könnten im Juni ans Meer fahren.
Ratschläge	Du solltest mehr Zeit an der frischen Luft verbringen.
Höfliche Bitten	Dürfte ich das Fenster aufmachen?
Irreale Vergleichssätze	Die Figuren sitzen da, als ob sie auf jemanden warten würden.

■■■ Konjunktiv II Vergangenheit – Bildung

hätte/wäre + Partizip II

Wenn sie nicht **geholfen hätten, wäre** es für viele Menschen schwieriger **gewesen**.

hätte + Verb + Modalverb im Infinitiv

Er **hätte** sich auch Luxus **leisten können**.
Sie **hätte** nicht ohne Bezahlung **arbeiten müssen**.

■■■ Konjunktiv II Vergangenheit – Gebrauch

Bedingungssätze	Wenn sie früher gekommen wären, hätten wir ins Kino gehen können. (Aber jetzt ist es zu spät.)
	Sie hätten sich beeilen müssen, dann hätten sie es schaffen können. (Aber sie haben sich nicht beeilt und haben es nicht geschafft.
Wünsche	Ich wäre in den Ferien gerne nach Köln gefahren. (Aber es ging nicht und jetzt ist es zu spät.)
Vergleichssätze	Sie sehen aus, als ob sie zu viel gearbeitet hätten.
Ratschläge	Du hättest mehr Zeit an der frischen Luft verbringen sollen. (Dann wärst du jetzt nicht krank.)

Häufig enthalten Sätze mit Konjunktiv II der Vergangenheit mit Modalverben einen Vorwurf.

KONJUNKTIV I – INDIREKTE REDE

■■■ Konjunktiv I – Bildung

Den Konjunktiv I bildet man so:
Infinitiv ohne -en + Konjunktiv-I-Endung

Die Formen von *sein* sind unregelmäßig.

		Konjunktiv-I-Endung		Konjunktiv I von sein
ich	komme	e	ich	sei
du	kommest	est	du	seiest
er/sie/es/man	komme	e	er/sie/es/man	sei
wir	kommen	en	wir	seien
ihr	kommet	et	ihr	seiet
sie/Sie	kommen	en	sie/Sie	seien

Die Formen für *ich, wir, sie* (Plural) und *Sie* sind oft mit dem Indikativ identisch.
Die Formen für *du* und *ihr* sind veraltet und werden kaum noch benutzt.
In beiden Fällen verwendet man anstelle des Konjunktiv I den Konjunktiv II.

Indikativ		Konjunktiv I		Konjunktiv II
ich tanze	=	ich tanze	▶	ich würde tanzen
du tanzt		du tanzest (veraltet)	▶	du würdest tanzen
er/es/sie/man tanzt		er/es/sie/man tanze		
wir tanzen	=	wir tanzen	▶	wir würden tanzen
ihr tanzt		ihr tanzet (veraltet)	▶	ihr würdet tanzen
sie tanzen	=	sie tanzen	▶	sie würden tanzen

■■■ Indirekte Rede und Konjunktiv I – Gebrauch

Der Konjunktiv I wird hauptsächlich für die indirekte Rede verwendet.
Er ist ein Signal dafür, dass es sich um wiedergegebene Äußerungen handelt.
Er sagt, er habe kein Geld.

Es ist aber auch möglich, indirekte Rede im Indikativ zu schreiben.
Er sagt, er hat kein Geld.

Wenn man indirekte Rede im Konjunktiv wiedergibt, distanziert man sich von der Aussage.

PASSIV

■■■ Passiv – Bildung und Gebrauch

Passiv Präsens	Viele Werbemittel **werden** in den Tourismus **investiert**.
Passiv Präteritum	Im letzten Winter **wurden** in Tirol 1.34 Mrd. **erwirtschaftet**.
Passiv Perfekt	Die Hälfte der Erträge ist **in** Tirol **erwirtschaftet worden**.
Passiv Präsens mit Modalverb	Die Meere **müssen geschützt werden**.
Passiv Präteritum mit Modalverb	Früher **durften** die Abwässer in Flüsse **geleitet werden.**

Passiv benutzt man häufig, wenn die Handlung im Vordergrund steht.

■■■ Im Passivsatz den Täter oder die Ursache nennen

Täter	Die Strände werden **von** einer Ölfirma verschmutzt.
Ursache	Die Strände werden **durch** Öl verschmutzt.

VERBEN MIT MODALER BEDEUTUNG

■■■ *werden* – zum Ausdruck von Vermutungen

Vermutungen über die Gegenwart/Zukunft: *werden* + Infinitiv (+ *wohl/wahrscheinlich/vielleicht*)
Sie **wird** (wohl) Angst **haben**.
Er **wird** (vielleicht) gerade jetzt in der Prüfung **sein**.

Vermutungen über die Vergangenheit: *werden* + Infinitiv Perfekt (+ *wohl/wahrscheinlich …*)
Er **wird** (wohl) Angst **gehabt haben**.
Sie **wird** (wahrscheinlich) schon **gegangen sein**.

■■■ *sollen* – zur Wiedergabe von Annahmen/Gerüchten

Gegenwart oder Zukunft: *sollen* + Infinitiv   Sie **soll** sehr **reich** sein.
Vergangenheit: *sollen* + Infinitiv Perfekt   Sie **soll** eine Villa **gekauft haben**.

NOMEN-VERB-VERBINDUNGEN

Nomen-Verb-Verbindungen kommen häufig in formellerer Sprache vor. Es gibt meist ein einfaches Verb, das eine ähnliche Bedeutung ausdrückt.

in Zweifel ziehen	etwas bezweifeln/anzweifeln/nicht glauben
zur Einsicht kommen	etwas erkennen/einsehen/herausfinden
zur Diskussion stehen	etwas wird diskutiert

Einige Nomen-Verb-Verbindungen – häufig mit einer Präposition – sind (fast) unveränderlich.
Beispiel: in Zweifel ziehen – Hier kann man weder einen Artikel noch ein Adjektiv einfügen.

Andere Verbindungen sind lockerer, man kann sie variieren.
Beispiel: großen/bedeutenden/geringen/den größten Einfluss haben

ARTIKEL, NOMEN UND PRONOMEN

■■■ Artikel

	Maskulinum	Neutrum	Femininum	Plural
Nominativ	der Bruder ein Bruder kein Bruder	das Fahrrad ein Fahrrad kein Fahrrad	die Schwester eine Schwester keine Schwester	die Freunde – Freunde keine Freunde
Akkusativ	de**n** Bruder ein**en** Bruder kein**en** Bruder	das Fahrrad ein Fahrrad kein Fahrrad	die Schwester eine Schwester keine Schwester	die Freunde – Freunde keine Freunde
Dativ	de**m** Bruder ein**em** Bruder kein**em** Bruder	de**m** Fahrrad ein**em** Fahrrad kein**em** Fahrrad	de**r** Schwester ein**er** Schwester kein**er** Schwester	de**n** Freunden – Freunden kein**en** Freunden
Genitiv	de**s** Bruders ein**es** Bruders kein**es** Bruders	de**s** Fahrrads ein**es** Fahrrads kein**es** Fahrrads	de**r** Schwester ein**er** Schwester kein**er** Schwester	de**r** Freunde – * kein**er** Freunde

* Im Genitiv Plural existiert die indefinite Form nicht. Man verwendet Umschreibungen:
Das ist das Auto von Freunden. Trotz vieler Freunde musste er das Problem alleine lösen.

Grammatik im Überblick

Welch-, dies- und *jed-* haben dieselben Endungen wie der definite Artikel.

Jed- hat keinen Plural! Im Plural benutzt man *all-*.

Welches Handy gehört dir? – Dieses.
Jede Sportart hat ihre Vor- und Nachteile, aber fast alle Sportarten machen mir Spaß.

Die Formen der Possessivartikel (*mein, dein, sein, unser, euer, ihr*) werden wie *kein-* gebildet:
Das ist das Fahrrad meines Bruders.

Aus phonetischen Gründen wird im Genitiv Singular manchmal ein *e* eingefügt:
des Spaßes, des Hauses, des Tag(e)s

Bei Personennamen und -bezeichnungen verwendet man das Genitiv *-s*:
Beate: Beate**s** Buch, Papa: Papa**s** Rucksack

■■■ Derselbe, dasselbe, dieselbe

	der	das	die	die (Plural)
Nominativ	derselbe Rock	dasselbe T-Shirt	dieselbe Hose	dieselben Schuhe
Akkusativ	denselben Rock	dasselbe T-Shirt	dieselbe Hose	dieselben Schuhe
Dativ	demselben Rock	demselben T-Shirt	derselben Hose	denselben Schuhen
Genitiv	desselben Rocks	desselben T-Shirts	derselben Hose	derselben Schuhe

■■■ Nullartikel

Bei Stoffnamen (*Fleisch, Geld, Müll ...*) und anderen nicht zählbaren Dingen steht auch im Singular kein Artikel.

das Fleisch	Magst du gerne	Fleisch?
der Hunger	Hast du	Hunger?
die Lust	Ich habe	Lust, ins Kino zu gehen, kommst du mit?

Unzählbare Dinge sind z. B.:
Durst, Zeit, Geld, Brot, Fisch, Gemüse, Obst, Käse, Wurst, Quark, Joghurt ...

■■■ n-Deklination

Nominativ	Akkusativ	Dativ	Genitiv
der Bär	den Bär**en**	dem Bär**en**	des Bär**en**
der Tourist	den Tourist**en**	dem Tourist**en**	des Tourist**en**

Maskuline Nomen mit den Endungen *-e, -ist, -ast, -ent, -ant, -and, -at*
und einige maskuline Nomen von Personen und Tieren (*Mensch, Herr, Nachbar ...*) werden nach der n-Deklination dekliniert.

In der gesprochenen Sprache werden die *-n/-en* Endungen häufig weggelassen.

■■■ **Personalpronomen und Reflexivpronomen**

Personalpronomen			Reflexivpronomen		
Nominativ	Akkusativ	Dativ	Nominativ	Akkusativ	Dativ
ich	mich	mir	ich	mich	mir
du	dich	dir	du	dich	dir
er	ihn	ihm	er	**sich**	**sich**
es	es	ihm	es	**sich**	**sich**
sie	sie	ihr	sie	**sich**	**sich**
wir	uns	uns	wir	uns	uns
ihr	euch	euch	ihr	euch	euch
sie/Sie	sie/Sie	ihnen/Ihnen	sie/Sie	**sich**	**sich**

Die Reflexivpronomen unterscheiden sich von den Personalpronomen im Akkusativ und Dativ nur in der dritten Person Singular und Plural.

Er hat ihn (seinen Freund) verletzt. – Er hat sich verletzt.
Er kauft ihm ein Auto. – Er kauft sich ein Auto.

Einige Verben haben ein obligatorisches Reflexivpronomen. Das Reflexivpronomen hat nur syntaktische Bedeutung.
Reflexivpronomen im Akkusativ: sich beeilen, sich eignen, sich bedanken, sich erkälten, sich verlassen auf,
sich interessieren für …
Reflexivpronomen im Dativ: sich einbilden

Wenn im Satz ein Akkusativ ist, steht das Reflexivpronomen im Dativ:
Ich wasche mich. **Aber:** Ich wasche mir die Hände.

■■■ **Das Pronomen** *man*

Wie schreibt **man** das?
Was kann **man** machen, wenn man **seinen** Ausweis verloren hat?

Nominativ	man
Akkusativ	einen
Dativ	einem

Bei *man* steht das Verb in der dritten Person Singular.
Der Possessivartikel ist *sein*.

Ein Partner ist ein Mensch, …   dem **man** vertrauen kann.
der **einen** gut kennt.
der **einem** hilft.

■■■ **Das Pronomen** *es*

– *es* **als Pronomen**

Ich brauche das Buch. Gibst du **es** mir bitte?

– *es* **vor dem Nebensatz und für den Nebensatz**

Es ist eine Tatsache, dass jede zweite Ehe geschieden wird.

Wenn der Nebensatz am Anfang steht, entfällt das es.
Dass jede zweite Ehe geschieden wird, ist eine Tatsache.

– *es* **in festen Ausdrücken**
Im Text geht **es** um das Heiratsalter in Deutschland.
Es kommt darauf an, eine zuverlässige Partnerschaft aufzubauen.

Bei diesen Ausdrücken kann das *es* nicht entfallen:

im Text geht es um …	es kommt darauf an …	Es regnet/schneit.
im Text geht es darum, dass …	es gibt …	Es ist windig.
es handelt sich um …	es kommt zu …	Es ist kalt/warm/heiß.
es handelt sich darum, dass …	Wie geht es dir/Ihnen?	Es wird morgen kälter/wärmer …
	Mir geht es gut.	Es zieht!

■■■ **Die Präpositionalpronomen *darüber, darauf, dafür* …**

Präpositionalpronomen können sich auf einzelne Nomen oder ganze Sätze beziehen.

– Das Präpositionalpronomen bezieht sich auf ein Nomen mit Präposition:

Ich halte nichts von Pflanzen. – Ich halte auch nichts **davon**.

– Das Präpositionalpronomen bezieht sich auf einen Nebensatz/Infinitivsatz:

Ich halte nichts **davon**, dass wir Pflanzen kaufen.

Ich halte nichts **davon**, Pflanzen zu kaufen.

■■■ **Indefinitpronomen und Possessivpronomen**

	Maskulinum	Neutrum	Femininum	Plural
Nominativ	ein**er**	ein**s**	eine	**welche**
	kein**er**	kein**s**	keine	keine
	mein**er**	mein**s**	meine	meine
Akkusativ	einen	ein**s**	eine	**welche**
	keinen	kein**s**	keine	keine
	meinen	mein**s**	meine	keine
Dativ	einem	einem	einer	**welchen**
	keinem	keinem	keiner	keinen
	meinem	meinem	meiner	meinen

– Ich hab meine Stifte vergessen, hast du **welche**?
– Nein, ich habe **keine**. Vielleicht hat Gerda **welche**.

Keiner hat heute Zeit, das ist schade.
Das ist nicht dein Handy, das ist **meins**!

Ebenso: deiner – deins, seiner – seins, ihrer – ihrs, unser – unsers, euer – euers, ihrer – ihrs, Ihrer – Ihrs

■■■ **Indefinitpronomen: *jemand/alle – niemand/keiner, etwas/alles – nichts***

Tut **jemand** etwas für die Umwelt?	**Keiner/Niemand** tut etwas für die Umwelt.
Alle tun etwas für die Umwelt.	**Keiner/Niemand** tut etwas für die Umwelt.
Kannst du **etwas** sehen?	Nein, es ist total dunkel, ich sehe **nichts**.
Hast du schon **alles** gekauft?	Nein, ich habe noch **nichts** gekauft.

ADJEKTIVE

▪▪▪ Adjektivdeklination

	Singular			Plural
	Maskulinum	Neutrum	Femininum	(Maskulinum/Neutrum/Femininum)
Nominativ	der tolle Mann ein toller ... kein toller ... – toller ...	das tolle Handy ein tolles ... kein tolles ... – tolles ...	die tolle Frau eine tolle Frau keine tolle Frau – tolle Frau	die tollen Männer/Handys/Frauen – tolle ... keine tollen ... – tolle ...
Akkusativ	den tollen Mann einen tollen ... keinen tollen ... – tollen ...	das tolle Handy ein tolles ... kein tolles ... – tolles ...	die tolle Frau eine tolle Frau keine tolle Frau – tolle Frau	die tollen Männer/Handys/Frauen – tolle ... keine tollen ... – tolle ...
Dativ	dem tollen Mann einem tollen ... keinem tollen ... – tollem ...	dem tollen Handy einem tollen ... keinem tollen ... – tollem ...	der tollen Frau einer tollen Frau keiner tollen Frau – toller Frau	den tollen Männer/Handys/Frauen – tollen ... keinen tollen ... – tollen ...
Genitiv	des tollen Mannes eines tollen ... keines tollen ... – tollen ...	des tollen Handys eines tollen ... keines tollen ... – tollen ...	der tollen Frau einer tollen ... keiner tollen ... – toller ...	der tollen Männer/Handys/Frauen – toller ... keiner tollen ... – toller ...

Adjektive nach dem Possessivartikel haben dieselbe Endung wie Adjektive nach *kein-*.
Das ist mein neues Handy.   Wie findest du unsere tollen Handys?

Nach *welcher, dieser, jeder* haben die Adjektive dieselbe Endung wie nach dem bestimmten Artikel.

▪▪▪ Adjektive als Nomen

Wenn Adjektive zu Nomen werden, werden sie dekliniert wie die Adjektive.
Erwachsen**e** und Jugendlich**e** sind zu dem Ausflug eingeladen. Die Erwachsen**en** zahlen 10 €, die Jugendlich**en** 5 €

▪▪▪ Superlativ-Ausdrücke

	unbestimmter Artikel	Plural Genitiv	Genitiv mit bestimmtem Artikel
Das Schloss ist	eines	der schönsten (Schlösser)	der Welt.

▪▪▪ Partizipien als Adjektive

Partizip I – Bedeutung: Aktiv, Präsens	Ein täglich die Zeitung lesen**d**er Mensch – ist ein Mensch, der täglich Zeitung liest
Partizip II – Bedeutung: meistens Passiv (oft Vergangenheit)	Eine täglich **ge**lesen**e** Zeitung – ist eine Zeitung, die täglich gelesen wird. Eine neu **ge**druck**te** Zeitung – ist eine Zeitung, die neu gedruckt worden ist.

Viele Partizipien sind als Adjektive in den Wortschatz aufgenommen worden. Sie haben sich „verselbstständigt" und man kann sie auch im Wörterbuch finden, z. B.:
führende Journalisten, sehr geehrte Damen und Herren, gebildete Menschen, gefährdete Tierarten, kommendes Wochenende

PRÄPOSITIONEN

■■■ Präpositionen mit ihrem Kasus

mit Dativ	mit Akkusativ	mit Dativ (Wo?) oder Akkusativ (Wohin?)	mit Genitiv
aus, bei, mit, nach, seit, von, zu, laut	für, durch, gegen, ohne, um, bis, gegenüber	in, an, auf, über, unter, vor, hinter, zwischen, neben	während, wegen, trotz, innerhalb, außerhalb, diesseits, jenseits, oberhalb, unterhalb, entlang
nachgestellt: gegenüber	nachgestellt: entlang		

■■■ Zweiteilige Präpositionen

an + D … entlang	Gehen Sie **an der** Straße **entlang**.
um + A … herum	Er ist **um den** Bodensee **herum** gefahren.
von + D … aus	**Von der** Hütte **aus** sind es noch zwei Stunden bis zum Gipfel.

■■■ Präpositionen und ihre Bedeutung

Lokale Präpositionen

Wohin?	Wo?	Woher?
Ich gehe **in die** Schule. Sie gehen **ins** Kino.	Ich bin **in der** Schule Sie sind **im** Kino.	Ich komme **von der** Schule. Sie kommen **vom** Kino.
Sie fährt **in die** Schweiz. Wir fahren **in den** Schwarzwald.	Sie lebt **in der** Schweiz. Wir wandern **im** Schwarzwald.	Sie kommt **aus der** Schweiz. Wir kommen **aus dem** Schwarzwald.
Er fährt **zu** Freunden. Sie gehen **zum** Bahnhof.	Er wohnt **bei** Freunden. Sie sind **am/im** Bahnhof.	Er kommt **von** den Freunden zurück. Sie kommen **vom** Bahnhof.
Ich fahre **nach** Deutschland. Ich fahre **nach** Berlin.	Ich bin **in** Deutschland. Ich bin **in** Berlin.	Ich komme **aus** Deutschland. Ich komme **aus** Berlin.
! Ich gehe **nach** Hause.	Ich bin **zu** Hause.	Ich komme gerade **von** zu Hause.

an + D/A	Ich warte an der Bushaltestelle. Sie hängt das Bild an die Wand.
auf + D	Mein Computer steht auf dem Schreibtisch. Auf dem Platz steht ein Denkmal.
auf + A	In den letzten Ferien sind wir auf das Matterhorn gestiegen.
aus + D	Er kommt aus Deutschland und sie kommt aus der Schweiz.
außerhalb + G	Die Jugendherberge liegt etwas außerhalb der Stadt.
bei + D	Wir übernachten bei unseren Freunden. Potsdam liegt bei Berlin.
diesseits + G	Das Matterhorn liegt diesseits und jenseits der Grenze.
durch + A	Wir sind durch die Stadt gefahren, haben aber keine Pizzeria gefunden.

entlang + A	Gehen Sie den Weg entlang.
an … entlang + D	Gehen Sie an der Straße entlang.
entlang + G	Entlang der Straße stehen viele alte Bäume.
gegen + A	Das Schiff ist gegen den Eisberg gefahren.
* gegenüber + D	Das Hotel ist gegenüber dem Bahnhof.
hinter + D	Hinter dem Haus ist ein großer Garten.
hinter + A	Sie geht hinter das Haus.
innerhalb + G	Das Ticket gilt innerhalb der Stadtgrenze.
in + D	Wir wohnen in einer Kleinstadt.
in + A	Wir fahren in die Schweiz und gehen ins Konzert.
jenseits + G	Das Matterhorn liegt diesseits und jenseits der Grenze.
nach (**ohne Artikel**)	Sie machen eine Klassenfahrt nach Berlin.
neben + D	Wir wohnen rechts neben der Bäckerei.
neben + A	Sie legt das Messer neben den Teller.
* oberhalb + G	Die Hütte liegt oberhalb des Dorfes 200 Meter unterhalb des Gipfels.
über + D	Über der Stadt fliegt ein Ballon.
über + A	Die Brücke geht über den Rhein. Der Zug fährt über Kassel nach Berlin.
unter + D	Wir sitzen gemütlich unter dem Sonnenschirm und trinken Kaffee.
unter + A	Ich stelle den Papierkorb unter den Tisch.
* unterhalb + G	Die Hütte liegt oberhalb des Dorfes 200 Meter unterhalb des Gipfels.
um + A	Sie joggen um den See.
um … herum + A	Er ist einmal um den Bodensee herumgefahren.
von + D	Ich komme von der Schule.
von … nach + D	Wir sind mit dem Fahrrad vom Bodensee nach Köln gefahren.
von … aus + D	Von der Hütte aus sind es noch zwei Stunden bis zum Gipfel.
vor + D	Vor dem Bahnhof ist ein großer Platz.
vor + A	Ich habe meinen Tisch vor den Sessel gestellt.
zu + D	Sie fahren in den Ferien zu ihren Freunden.
zwischen + A	Ich habe die Hängematte zwischen zwei Bäume gehängt.
zwischen + D	Jetzt liege ich zwischen den Bäumen und lese.

* *oberhalb, unterhalb, gegenüber* werden auch adverbial gebraucht:
Der Ort liegt 1500 Meter hoch und 200 Meter oberhalb liegt die Hütte.
Das Hotel liegt auf der rechten Seite und gegenüber ist der Bahnhof.

Temporale Präpositionen

ab + D	Ab Mittwoch kann man Karten für das Musical kaufen.
an + D	am Samstag, am Vormittag, am 1. Januar, an Ostern/Weihnachten
außerhalb + G	Außerhalb der Schulferien kommen nicht viele Touristen.

bei + D	Beim Bungeespringen muss man mit der Angst fertigwerden. Bei diesem Wetter gehe ich nicht raus.
bis + A (**ohne Artikel**) bis zu + D	Bis nächsten Freitag muss die Präsentation fertig sein. Bis zum nächsten Freitag muss die Präsentation fertig sein.
gegen (**ohne Artikel**)	Er kommt gegen drei Uhr.
in + D	im Sommer, im Januar, in den Ferien, in dieser Woche, im nächsten Jahr Wo möchtest du in zehn Jahren sein? In drei Wochen schreiben wir einen Test.
innerhalb + G	Der Brief kommt innerhalb der nächsten Woche.
nach + D	Es ist Viertel nach acht. nach dem Essen, nach Weihnachten, nach der Schule …
seit + D	Ich lerne schon seit vier Jahren Deutsch.
um (**ohne Artikel**)	um drei Uhr, um halb vier, um 22.15 Uhr (Uhrzeiten)
von … bis (**ohne Artikel**)	Unsere Mittagspause geht von 13 bis 14 Uhr.
vor + D	Es ist Viertel vor acht. vor dem Essen, vor Weihnachten, vor der Schule …
zu + D	Zum Frühstück esse ich kaum etwas, ich trinke nur einen Tee.
vor + D	Wo warst du vor zehn Jahren?
während + G	Während des Urlaubs will ich nichts von der Schule hören.

Weitere Präpositionen

aus + D	Die meisten Flaschen sind aus Plastik.
durch + A	Durch regelmäßige Bewegung kann man sich fit halten. Die Strände werden durch Öl verschmutzt.
für + A	Das Geschenk ist für dich. Ich bin für den Umweltschutz.
gegen + A	Er ist gegen Atomenergie.
laut + D	Laut einer Studie nehmen viele Menschen regelmäßig Medikamente.
mit + D	Er fährt mit dem Fahrrad Sie fahren mit ihren Freunden in Urlaub. Ich schreibe mit Bleistift.
trotz + G	Trotz des Staus sind wir noch pünktlich angekommen.
von + D	Lüneburg liegt südlich von Hamburg. Die Strände werden von einer Ölfirma verschmutzt
wegen + G wegen + D	Wegen des Sturms kann das Flugzeug nicht starten. Wegen dir sind wir zu spät gekommen.

■■■ **Präposition +** *einander*

Wie denken Schweizer und Deutsche **übereinander**?

Wir sollten mehr **miteinander** arbeiten und nicht **gegeneinander**.

Ebenso: füreinander, voneinander, zueinander, auseinander, ineinander …

DIE WÖRTER IM SATZ

■■■ Satzverbindungen – Wortstellung

– Konjunktionen mit Hauptsatz – die Konjunktion steht auf Position 0:
aber, denn, oder, sondern, und
Ich bin Vegetarierin, **aber** mein Bruder isst gern Fleisch.

– Konjunktionen mit Nebensatz – das Verb steht am Ende:
dass, weil, obwohl, wenn, damit, während, als, bevor, nachdem, seit(dem) …
Alle wissen, **dass** der Klimawandel schon längst **begonnen hat**.

– Konnektoren – Sie stehen meist auf Position 1 oder 3:
deshalb, darum, deswegen, daher, dann, danach, trotzdem, außerdem, sonst, seitdem, damals, da, gleichzeitig, danach, zuvor …
Energie wird immer teurer, **deshalb** müssen wir Energie sparen. / …, wir müssen deshalb Energie sparen.

– Ausdrücke mit Präpositionen
vor …, wegen …, trotz …, seit …, bei …
Wegen technischer Probleme sind die Toiletten heute geschlossen.

■■■ Satzverbindungen – Bedeutung

Was?	Sie schreibt, **dass** ich sie vom Bahnhof abholen soll. Mir gefällt, **dass** so viele Leute an die Umwelt denken.
Grund:	Julia möchte in Köln studieren, **weil** das Angebot für sie dort gut ist. Julia möchte in Köln studieren, **denn** das Angebot für sie ist dort gut. Das Angebot in Köln ist für Julia gut. **Deswegen** möchte sie dort studieren. **Wegen** des guten Studienangebots möchte Julia in Köln studieren.
Gegen die Erwartung:	Lukas möchte in einer WG wohnen, **obwohl** es Probleme mit Mitbewohnern geben kann. Manchmal gibt es in WGs Probleme mit Mitbewohnern. **Trotzdem** möchte Lukas in einer WG wohnen. **Trotz** möglicher Probleme mit Mitbewohnern möchte Lukas in einer WG wohnen.
Art und Weise: Wie?	Eva hält sich fit, **indem / dadurch, dass** sie regelmäßig joggt. Eva joggt regelmäßig. **Dadurch** hält sie sich fit. **Durch** regelmäßiges Joggen hält sich Eva fit. Er ist fit, **ohne** regelmäßig zu trainieren. Er ist fit **ohne** regelmäßiges Training.
Zeit: Wann?	**Als** er nach Hause kam, machte er als Erstes den Computer an. **Wenn** es regnet, fahre ich mit dem Bus zur Schule. **Bei** Regen fahre ich mit dem Bus zur Schule. **Während** der Mittagspause wollen wir entspannen und einen Kaffee trinken. **Während** wir Mittagspause machen, wollen wir entspannen und einen Kaffee trinken. Jetzt ist Mittagspause. **In der Zeit** wollen wir entspannen und einen Kaffee trinken. Anne spricht nicht mehr mit Helene, **seit** die mit Gunter zusammen ist. Helene ist mit Gunter zusammen. **Seitdem** spricht Anne nicht mehr mit ihr. **Seit** der letzten Party spricht Anna nicht mehr mit Helene. Ich habe meine Freundin getroffen, **nachdem** ich meine Hausaufgaben gemacht hatte. Ich hatte meine Hausaufgaben gemacht. **Danach** habe ich meine Freundin getroffen. **Nach** den Hausaufgaben habe ich meine Freundin getroffen. Bruno und Ina hatten schon gestritten, **bevor** Anke in die Klasse kam. Anke kam in die Klasse. **Vorher** hatten Bruno und Ina schon gestritten. **Vor** dem Auftauchen von Anke hatten Bruno und Ina schon gestritten.

Bedingung:	**Wenn** du Glück hast, kannst du eine Million gewinnen.
	Wenn sie den Obdachlosen nicht helfen würde, würden sie noch mehr unter ihrer Situation leiden.
	Wenn ich als Kind in Deutschland zur Schule gegangen wäre, könnte ich jetzt perfekt Deutsch.
Zweck: Wozu?	Ich nehme meinen Bruder mit, **damit** du ihn endlich kennenlernst.
	Ich treibe viel Sport, **damit** ich fit bleibe.
	Ich treibe viel Sport, **um** fit **zu** bleiben.
	Ich würde nie Medikamente **zur** Leistungssteigerung nehmen.
Alternative	**Anstatt zu** lesen, sieht sie lieber Filme.
	Sie liest nicht, **stattdessen** sieht sie lieber Filme.
Irrealer Vergleich	Er sieht aus **als ob** / **als wenn** er krank wäre.
	Er sieht aus, **als** wäre er krank.

■■■ Zweiteilige Konjunktionen

entweder … oder • sowohl … als auch • nicht nur … sondern auch • weder … noch

Das eine oder das andere:

Entweder mache ich jetzt die Prüfung, **oder** ich mache noch einen Sprachkurs.

Nicht nur das eine, das andere auch noch:

Der MP3-Player ist **nicht nur** teuer, **sondern** (er) funktioniert **auch** nicht gut.

Das eine und das andere:

Sprachen sind kein Problem für mich: Ich kann **sowohl** Englisch als **auch** Französisch.

Das eine nicht und das andere auch nicht:

Österreich kenne ich nicht so gut. Ich war bisher **weder** in Wien **noch** in Salzburg.

■■■ Irreale Vergleichssätze

– *als ob/als wenn* + Nebensatz im Konjunktiv II

Die Figuren sitzen da,	**als ob** sie auf jemanden warten würden. (Aber man weiß es nicht.)
Die Skulptur wirkt auf mich,	**als wenn** die Männer keine Gefühle hätten. (Aber vielleicht ist es ganz anders.)

– *als* im Hauptsatz auf Position 1

Er macht ein Gesicht,	**als** wäre er krank.
Sie tut immer so,	**als** wäre sie sehr beschäftigt.

■■■ Infinitivsätze

Einfacher Infinitiv mit *zu*

Es ist nicht einfach, ein Buch auf Deutsch **zu** lesen.
Simone hat keine Zeit, jede Woche ihre Großeltern **zu** besuchen.
Ich habe gerade angefangen, die Präsentation vor**zu**bereiten.
Er hat keine Lust, schwimmen **zu** gehen.

Einige Ausdrücke, nach denen der Infinitiv mit *zu* steht:

Nach einigen Ausdrücken mit Nomen	Nach einigen Verben	Nach einigen Ausdrücken mit Adjektiven
Ich habe (keine) Lust, … Ich habe (keine) Zeit, Es macht mir (keinen) Spaß, …	anfangen, aufhören, bitten, empfehlen, erlauben, verbieten, raten, vergessen, versprechen, vorhaben …	Es ist wichtig/sinnvoll/notwendig/ schlecht/gut/richtig/falsch, …

Grammatik im Überblick

▪▪▪ *anstatt ... zu / ohne ... zu*

Anstatt in den Supermarkt **zu** laufen, kann jeder sein Müsli im Internet zusammenmixen.
(= Anstatt dass man in den Supermarkt läuft, kann jeder sein Müsli im Internet zusammenmixen.)

Ohne viel nach**zu**denken, gründeten sie eine Firma.
Sie gründeten eine Firma, ohne viel nach**zu**denken.
(= Sie gründeten sie eine Firma, ohne dass sie viel nachgedacht hatten.)

▪▪▪ Indirekte Fragen

Entscheidungsfrage	Indirekte Frage mit *ob*
Interessiert sich Fred für Jazz?	Kannst du mir sagen, **ob** sich Fred für Jazz interessiert?
Hast du den Film schon gesehen?	Er wollte wissen, **ob** ich den Film schon gesehen habe.

W-Fragen	Indirekte Frage mit Fragewort
Was bedeutet dieses Wort?	Kannst du mir sagen, **was** dieses Wort bedeutet?
Wofür interessiert sich Timo?	Ich weiß nicht, **wofür** sich Timo interessiert.

▪▪▪ Relativsätze

Der Relativsatz steht nahe bei dem Nomen, das er genauer definiert.

	Relativsatz	
Der Junge,	**dem** ich meine Handynummer gegeben habe,	will sich mit mir verabreden.

Relativpronomen

	Maskulinum	Neutrum	Femininum	Plural
Nominativ	der	das	die	die
Akkusativ	den	das	die	die
Dativ	dem	dem	der	**denen**
Genitiv	**dessen**	**dessen**	**deren**	**deren**

Ein Freund ist ein Mensch,   **der** mich nicht alleine lässt.
                                                 den ich mag.
                                                 dem ich vertraue.
                                                 dessen Gefühle mir wichtig sind.

▪▪▪ Relativsätze mit Präpositionen

Bei Relativsätzen mit Präpositionen bestimmt die Präposition den Kasus des Relativpronomens. Die Präposition wird vom Verb bestimmt.

fragen nach + Dativ   Das Buch, **nach dem** du mich gefragt hast, war nicht besonders interessant.

warten auf + Akkusativ   Woher kennst du den Jungen, **auf den** du wartest?

■■■ Relativsätze mit *was, wo, worüber* ...

– Nach *etwas* und *alles* verwendet man das Relativpronomen was:

In dem Artikel steht etwas, **was** mich interessiert.

Hast du schon alles gesehen, **was** es hier gibt?

– Besonders in der mündlichen Sprache verwendet man das lokale Relativpronomen *wo*:

Eher mündlich: Wir haben in dem Haus übernachtet, **wo** früher mein Opa gewohnt hat.

Eher schriftlich: Wir haben in dem Haus übernachtet, **in dem** früher mein Opa gewohnt hat.

– Wenn sich das Relativpronomen auf einen ganzen Satz/eine Aussage bezieht, verwendet man die Relativpronomen *was, worüber, worauf* ...

finden + A   Junge Leute erfinden neue Wörter, **was** ich interessant finde.
                        Junge Leute erfinden neue Wörter. Das finde ich interessant.

überrascht von/über   Junge Leute erfinden neue Wörter, **wovon/worüber** ich nicht überrascht bin.
                        Junge Leute erfinden neue Wörter. Davon/Darüber bin ich überrascht.

Satzstellung

■■■ Sätze mit zwei Ergänzungen

Person (Dativ) vor Sache (Akkusativ)

| Ich wollte | meiner Freundin (D) | einen iPod (A) | kaufen. |
| Ich wollte | ihr (D) | einen iPod (A) | kaufen. |

Wenn die Sache ein Pronomen ist, dann steht die Sache (Akkusativ) zuerst.

| Ich wollte | ihn (A) | ihr (D) | kaufen. |
| Ich wollte | ihn (A) | meiner Freundin (D) | kaufen. |

Wichtige Verben mit zwei Ergänzungen (Dativ und Akkusativ):

erklären, empfehlen, geben, kaufen, leihen, schenken, zeigen ...

■■■ Tekamolo: die Reihenfolge der Angaben im Satz

	Temporal: Wann?	Kausal: Warum?	Modal: Wie?	Lokal: Wo? Wohin?	
Der Fotograf will	heute	wegen des schönen Wetters	noch schnell	draußen	ein Foto machen.

– Es stehen selten alle Typen von Angaben in einem Satz.

– Eine Angabe kann auch am Satzanfang stehen. Die Reihenfolge der anderen Angaben bleibt dann unverändert:

Heute | will der Fotograf | wegen des schönen Wetters | noch schnell | draußen | ein Foto machen.

Bild- und Textquellen

Bildquellen

Titelbild © Corbis, Ocean (RF) | **S. 4** oben: © fotolia, I. Kalinin; unten: © Langenscheidt KG | **S. 5** ©Wikipedia, gemeinfrei | **S. 8** © Alamy, M. Klinec | **S. 9** © picture-alliance, dpa | **S. 10** oben: © picture-alliance, dpa; unten: © Tiemo Hauer | **S. 12** links: © Shotshop, J. Tuomi; 2. von links: © shutterstock, Andresr; 2. von rechts: © iStockphoto, J. Duplass; rechts: © iStockphoto, J. Horton | **S. 13** © picture-alliance, dpa-infografik | **S. 16** © fotolia, Kurhan | **S. 18** links: © iStockphoto, H. Rivers; rechts: © iStockphoto, C. Schmidt | **S. 20** © iStockphoto, delectus | **S. 21** © iStockphoto, YinYang | **S. 22** © iStockphoto, L. Gagne | **S. 25** © fotolia, F. Pfluegl | **S. 28** links: © Stadthaushotel Hamburg, W. Schmidt; rechts: © Stadthaushotel Hamburg, T. Ulrich | **S. 29** © fotolia, contrastwerkstatt | **S. 30** © Bertelsmann Stiftung | **S. 32** © picture-alliance, dpa | **S. 34** oben: © Stadthaushotel Hamburg, T. Ulrich; unten: © fotolia, A. Rodriguez | **S. 37** links: © picture-alliance / AKG; 2. von links: © picture-alliance; 2. von rechts: Wikipedia, gemeinfrei; rechts: Wikipedia, gemeinfrei | **S. 41** © picture-alliance, KEYSTONE (RM) | **S. 42** oben: © dreamstime, Yurchyk; unten: © fotolia, Dryas Verlag | **S. 44** und **S. 45** © nonseum / Waldner | **S. 46** © fotolia, pressmaster | **S. 48** © Wikimedia, gemeinfrei | **S. 49** © iStockphoto, Y. Popkova | **S. 50** © fotolia, WoGi | **S. 52** links: © Wikipedia, gemeinfrei; rechts: © Wikipedia, gemeinfrei | **S. 54** © Cornelsen Verlag, L. Rohrmann | **S. 56** © fotolia, auremar | **S. 57** © R4H – das Radio für barrierefreie Köpfe (www.r4h.de) | **S. 60** © iStockphoto, D. Bayley | **S. 61** © iStockphoto, red_moon_rise | **S. 65** links: © iStockphoto, Neustockimages; rechts: © fotolia, VILevi | **S. 67** © Cornelsen Verlag, F. Jin | **S. 68** © fotolia, X. Klaußner | **S. 70** Wikipedia, gemeinfrei | **S. 72** A: © fotolia, wanty; B: © iStockphoto, 36clicks; C: © iStockphoto, technotr; D: © fotolia, P. Tilly; E: © fotolia, phoenixpix; F: © iStockphoto, Bart van den Dikkenberg | **S. 74** © shutterstock, GO | **S. 76** links: © fotolia, T. Andri; rechts: © fotolia, A. Sysoev | **S. 78** © shutterstock, D. Mikhail | **S. 81** © dreamstime, Pperegrin | **S. 83** © dreamstime, Frankolin… | **S. 84** links: © Wikipedia, gemeinfrei; 2. von links: © Wikipedia, gemeinfrei; 2. von rechts: Wikipedia, gemeinfrei; rechts: © Wikipedia, gemeinfrei | **S. 85** © shutterstock, Elnur | **S. 88** © Wikimedia Commons, gemeinfrei | **S. 89** © iStockphoto, Ollo | **S. 90** © picture-alliance, dpa-infografik | **S. 93** links: © fotolia, M. Jurkovic; rechts: © fotolia, R. Heim | **S. 97** © shutterstock, Y. Arcurs | **S. 102** © shutterstock, oliveromg | **S. 105** © 2010 Iglu-Dorf GmbH | **S. 106** links: © dreamstime, Philcold; Mitte: © iStockphoto, R. Goundry; rechts: © dreamstime, Mihai-bogdan Lazar | **S. 108** © dreamstime, Kuz'min Pavel | **S. 110** © iStockphoto, Kohlerphoto | **S. 112** oben rechts: © Wikimedia Commons, gemeinfrei; Mitte: © Bundesarchiv, H.J. Wolf; unten rechts: © Bundesarchiv | **S. 113** A: © shutterstock, B. Brown; B: © shutterstock, Arogant C: © fotolia, darkbird; D: © Wikimedia Commons, gemeinfrei; E: © dreamstime, Typhoonski; F: © Wikipedia, gemeinfrei | **S. 114** © picture-alliance, Eventpress Hoensch | **S. 115** © fotolia, Blickfang

Textquellen

S. 45 © Springer-Verlag GmbH, Mag. Wenzel Müller | **S. 100** © Philognosie-Wissensarchiv, www.philognosie.net, Cassandra B.

Karten

S. 41 © Cornelsen Verlag, Peter Kast, Ingenieurbüro für Kartographie, Wismar | **S. 73**, **S. 112** © Cornelsen Verlag, Dr. V. Binder

Hörtexte

Track 23 © R4H – das Radio für barrierefreie Köpfe (www.r4h.de) | **Track 36** © Radio LOTTE Weimar | **Track 42** © Cornelsen Verlag